本著作感谢"重庆邮电大学博士启动基金"项目资K2018-20），项目名称：不同投入产出指标对我国商业银行效率的影响。2018年度教育部人文社会科学研究一般项目（项目编号：18YJA630022），项目名称：基于路网的短时交通流灰色模型预测与规划管理研究。

不同投入产出指标对我国商业银行效率的影响

李 辉 著

企业管理出版社

图书在版编目（CIP）数据

不同投入产出指标对我国商业银行效率的影响／李辉著. -- 北京：企业管理出版社，2019.7
ISBN 978－7－5164－1982－3

Ⅰ.①不… Ⅱ.①李… Ⅲ.①投入产出－经济指标－影响－商业银行－经济效率－研究－中国 Ⅳ.
① F832.33

中国版本图书馆 CIP 数据核字（2019）第 131759 号

书　　名：	不同投入产出指标对我国商业银行效率的影响
作　　者：	李　辉
责任编辑：	张　羿
书　　号：	ISBN 978－7－5164－1982－3
出版发行：	企业管理出版社
地　　址：	北京市海淀区紫竹院南路 17 号　　邮编：100048
网　　址：	http：//www.emph.cn
电　　话：	编辑部（010）68701292　发行部（010）68701816
电子信箱：	80147@sina.com
印　　刷：	北京虎彩文化传播有限公司
经　　销：	新华书店
规　　格：	170 毫米×240 毫米　16 开本　10.25 印张　158 千字
版　　次：	2019 年 7 月第 1 版　2019 年 12 月第 2 次印刷
定　　价：	68.00 元

版权所有　翻印必究·印装错误　负责调换

前　言

虽然研究银行效率的论文很多，但是大多数都选取单一的一组投入指标和单一的一组产出指标对银行效率进行测度。而不同的投入产出指标又对银行效率的影响很大，因而不同研究者对银行效率测度的结果也存在很大差异，甚至很多论文出现了我国不同类型商业银行效率完全相反的情况。原因如下：银行效率测度的准确性受到DMU数量的影响，也就是银行个数的影响。我国国有商业银行4家，股份制商业银行13家，上市城商行只有3家。这些银行代表了我国主要的商业银行体系，因而决定了投入产出指标数量上的限制。大多数研究者只能选取两三种投入指标和两三种产出指标对银行效率进行测度，从而形成了效率上的差异。

鉴于这种现状，仔细研究投入产出指标之间的关系，并研究不同投入产出指标对银行效率的不同影响变得很有意义。本文主要包含三个方面的内容：一是通过以往研究者对银行效率测度的总结，指出测度效率出现差异的主要原因，并选择了不同的投入和产出指标，分别反映了银行不同的能力。二是测度了不同投入指标和产出指标下的银行效率，并把不同类型银行的效率进行对比，不同的投入指标和产出指标对应了不同的模型，指出不同模型下不同类型银行效率存在着很大差异。三是分析了各个投入和产出指标是否得到了充分利用，即我国商业银行资源（投入产出指标）利用的有效性分析，并进一步指出了资源（投入产出指标）利用有效性对银行效率的影响。最后分析了两种特殊的投入指标，即员工人数和机构数对我国商业银行效率的影响。

首先，本文选取了2008—2015年的数据，使用数据包络分析（DEA）方法从三个不同的方面，选择三组不同的投入和产出指标分别测度了我国20家主要商业银行的效率，进而分析了每家银行的纯技术效率和规模效率。结果表明：（1）盈利能力方面，我国商业银行效率最高的是四大国有商业银行，3家上市城商行在盈利能力方面高于13家股份制商业银行。(2) 业务扩张能力方面，我国四大国有商业银行的效率依然最高，但13家股份制商业银行的效率高于3家上市城商行。(3) 人力资源模型中，我国四大国有商业银行的效率最低，但依然保持着比较高的纯技术效率。(4) 纯技术效率方面，四大国有商业银行和3家上市城商行相差不大，都高于13家股份制商业银行。(5) 规模效率方面，我国四大国有商业银行在盈利能力模型和业务扩张能力模型上都高于其他类型商业银行，但在人力资源模型上远远低于其他类型商业银行。上面的结论也同时说明了三组不同的投入和产出指标导致了我国商业银行效率完全不同的结果。

其次，本文选取了2008—2015年的数据，使用超效率DEA模型和Malmquist指数方法从三个不同的方面，选择三组不同的投入和产出指标分别测度了我国20家主要商业银行的超效率以及效率的动态变化，即生产率，进而分析了每家银行的纯技术效率和规模效率。结果表明：(1) 盈利能力方面，结论与之前的很相似。(2) 纯技术效率方面，3家上市城商行高于13家股份制商业银行。(3) 盈利能力模型和业务扩张能力模型的马氏TFP指数呈波浪形，但银行盈利能力的提升归因于纯技术效率、规模效率和技术变化的共同提高，业务扩张能力的提升主要归因于技术进步。人力资源模型中的马氏TFP指数非常高，技术效率起了一定的作用，但主要原因是技术进步。这些结论又进一步说明了三组不同的投入和产出指标对我国商业银行的超效率和生产率也产生了完全不同的结果。

再次，本文使用数据包络分析方法从三个不同的方面，选择三组不同的投入和产出指标分别测度了2015年度我国20家主要商业银行的径向调整量和松弛调整量，并进一步分析了每家银行有效利用资源的能力。结果表明：大多数银行在利息支出、营业支出、固定资产净值、机构数和非利息净收入等方面存在径向调整量和松弛调整量，说明存在很大的资源浪费，从而不同程度地降低了我国商业银行的效率。这些资源分别代表了三组不同的投入和产出指标，而不同的投入和产出指标对我国商业银行造成的效率和生产率上的差异也反映了各种不同的资源利用有效性对我国商业银行效率的不同影响。

最后，本文选取了2008—2015年的数据，使用数据包络分析方法和Malmquist指数从两个不同的模型，分别测度了我国20家主要商业银行的效率，分析了人员过多和机构臃肿性对我国四大国有商业银行效率的影响。结果表明：（1）商业银行测度效率的高低很大程度上受到员工人数和机构数这两种投入要素的影响。（2）人力资源模型测度的四大国有商业银行效率远远低于盈利能力模型，说明我国四大国有商业银行存在严重的人员过多和机构臃肿性问题。（3）人力资源模型中，我国四大国有商业银行的规模效率低下是导致技术效率低下的主要原因，因而需要减小银行规模。另外，此模型中4家国有商业银行的规模效率都处于递减区域，因而需要减少不必要的分支机构，减小银行规模从而提高银行效率。值得一提的是，人员过多和机构臃肿性问题恰恰说明了我国商业银行两种特殊的投入指标或者说两种特殊的资源员工人数和机构数没有得到充分利用，而这种资源的不充分利用或者说是资源的浪费毫无疑问对我国商业银行的效率产生了很大的影响。此处的两个模型，其中一个模型的投入指标不包括员工人数和机构数，另外一个模型的投入指标包括了员工人数和机构数，正是这种投入指标的差异，对我国四大国有商业银行的效率产生了质的改变。第一个模型（盈利能力模型）中，我国四大国有商业银行的效率最高；第二个模型（人力资源模型）中，我国四大国有商业银行的效率最低。

重庆邮电大学　李辉
2019年5月

目 录

第1章 绪论 ··· 1

1.1 选题的背景和意义 ·· 1
1.1.1 选题背景 ·· 1
1.1.2 选题意义 ·· 2

1.2 文献综述 ··· 3
1.2.1 对银行效率及其影响因素的研究 ······················· 3
1.2.2 对银行生产率及其影响因素的研究 ··················· 11
1.2.3 我国商业银行资源利用有效性及其对银行效率影响的研究 ··· 14
1.2.4 文献评述 ·· 16

1.3 研究的问题及方法和思路框架 ······································· 19
1.3.1 研究的问题及方法 ·· 19
1.3.2 思路框架 ·· 20

1.4 文章难点和创新点 ··· 22

第2章 银行效率和生产率的相关理论及其测量方法 ··············· 24

2.1 银行效率的相关理论及其测量方法 ································ 24
2.1.1 生产技术的集合表示 ··· 24
2.1.2 产出与投入距离函数 ··· 26
2.1.3 利用距离函数测算效率 ······································ 28

2.2 银行生产率的相关理论及其测量方法 ···························· 32
2.2.1 测算生产率和生产率水平比较 ··························· 32
2.2.2 测算生产率变化与全要素生产率指数 ················· 34

2.3 本文使用的模型和数据 ··· 46
2.3.1 数据包络分析方法 ·· 46
2.3.2 超效率 DEA 方法 ·· 50
2.3.3 Malmquist 指数 ·· 51

  2.3.4 银行分类和数据 ……………………………………… 53
 2.4 本章小结 ………………………………………………………… 53
第3章 我国商业银行效率测度出现差异性原因分析……………… 56
 3.1 引言 ……………………………………………………………… 56
 3.2 不同研究者对我国商业银行效率测度出现差异性原因分析
  …………………………………………………………………………… 58
  3.2.1 两个简单的数值例子 ……………………………… 59
  3.2.2 银行效率测度出现差异性的一般结论 …………… 60
 3.3 选择不同的投入产出指标对测度我国商业银行效率的影响
  …………………………………………………………………………… 61
  3.3.1 三组不同的投入产出指标（三个反映银行不同能力的模
    型） ……………………………………………………… 62
  3.3.2 投入产出指标的含义 ……………………………… 62
 3.4 本章小结 ………………………………………………………… 63
第4章 三组不同投入产出指标对我国商业银行效率影响实证研究
 …………………………………………………………………………… 64
 4.1 引言 ……………………………………………………………… 64
 4.2 我国商业银行效率测度和对比分析 …………………………… 65
  4.2.1 三个不同模型下我国商业银行总体效率情况及排名对比
    …………………………………………………………… 65
  4.2.2 我国不同类型商业银行效率比较 ………………… 76
  4.2.3 不良贷款率对我国商业银行效率影响占比 ……… 77
 4.3 我国商业银行超效率测度和对比分析 ………………………… 79
  4.3.1 三组不同指标下我国商业银行总体超效率情况及排名对
    比 ………………………………………………………… 79
  4.3.2 我国不同类型商业银行超效率比较 ……………… 86
 4.4 本章小结 ………………………………………………………… 88
第5章 三组不同投入产出指标对我国商业银行生产率（效率动态变
  化）影响实证研究 ……………………………………………… 89
 5.1 我国商业银行全要素生产率—Malmquist 指数 …………… 89

5.1.1　三个不同模型下我国商业银行 Malmquist 指数分析 ··· 89

　　5.1.2　不同银行之间 Malmquist 指数对比分析·············· 96

　5.2　本章小结 ·· 98

第6章　我国商业银行资源（投入产出指标）利用有效性及其对银行效率的影响 ··· 99

　6.1　引言 ·· 99

　6.2　DEA 模型中的径向调整和松弛调整 ··························· 100

　　6.2.1　DEA 模型中的径向调整 ······························· 100

　　6.2.2　DEA 模型中的松弛调整 ······························· 101

　　6.2.3　松弛调整中的产出不足问题 ·························· 101

　　6.2.4　径向调整和松弛调整求解 ····························· 102

　6.3　我国商业银行资源（投入产出指标）利用有效性研究 ······ 103

　　6.3.1　2015 年度我国商业银行效率表 ····················· 103

　　6.3.2　我国商业银行资源（投入产出指标）利用有效性分析 ·· 105

　6.4　我国商业银行资源（投入产出指标）利用有效性对效率的影响 ··· 111

　　6.4.1　投入指标对银行效率的影响 ························· 111

　　6.4.2　产出指标对银行效率的影响 ························· 113

　6.5　本章小结 ··· 114

第7章　两种特殊的投入指标对我国商业银行效率的影响 ········ 116

　7.1　引言 ·· 116

　7.2　我国商业银行人员过多和机构臃肿性对效率的影响 ······ 118

　　7.2.1　两种特殊的投入指标——员工人数和机构数 ····· 118

　　7.2.2　员工人数和机构数对银行效率的影响 ············· 119

　　7.2.3　员工人数和机构数对银行超效率的影响 ········· 123

　7.3　人员过多和机构臃肿性对 Malmquist 指数的影响 ········ 125

　7.4　本章小结 ··· 128

— 3 —

第8章 全文总结 ... 130
8.1 本文主要研究结论 ... 130
8.1.1 银行效率和生产率测量方法的结论 ... 130
8.1.2 我国商业银行效率测度出现差异原因的结论 ... 131
8.1.3 投入产出指标选择的结论 ... 132
8.1.4 我国商业银行技术效率的结论 ... 133
8.1.5 我国商业银行纯技术效率的结论 ... 133
8.1.6 我国商业银行规模效率的结论 ... 133
8.1.7 不良贷款率对我国商业银行效率影响的结论 ... 134
8.1.8 我国商业银行超效率的结论 ... 134
8.1.9 我国商业银行效率动态变化（生产率）的结论 ... 134
8.1.10 我国商业银行资源利用有效性的结论 ... 135
8.1.11 资源利用有效性对银行效率影响的结论 ... 136
8.1.12 我国四大国有商业银行人员过多和机构臃肿性问题的结论 ... 137
8.1.13 人员过多和机构臃肿性对我国商业银行效率影响的结论 ... 137
8.2 提高我国商业银行效率的途径和政策建议 ... 138
8.3 本文不足及有待进一步研究的问题 ... 140
8.3.1 本文不足 ... 140
8.3.2 有待进一步研究的问题 ... 140

参考文献 ... 143

第1章 绪 论

1.1 选题的背景和意义

1.1.1 选题背景

金融业是一个国家发展的核心,金融业的发达程度直接反映了一个国家国力的强弱。我国地大物博,作为一个发展中国家,国力强但人均经济水平薄弱,金融业对我国来说有着更重要的意义。银行、证券和保险是我国金融业的三大主体,而银行是整个金融业的基础,对整个市场运行起着宏观调控的作用,因此,银行业发展对我国的经济增长有着至关重要的作用。

我国银行业发展大体经历了以下几个阶段:首先,随着信用制度的逐步完善,初步建立了以我国四大国有银行为主体的市场机制;其次,政策性银行单独行使其信贷功能,各大银行竞争日益激烈,股份制银行大量发行股票笼络资金,其发展速度之快远远超过我国四大国有银行,各地纷纷出现了有影响力的城市商业银行,这种局面给我国四大国有银行提出了强有力的挑战,我国国有银行在各种挑战和机遇下,纷纷向商业银行过渡,结束了由国家完全垄断的局面;最后,国外银行大举进驻中国,先进的经营理念和成熟的市场机制形成多家银行互相竞争、互相促进的局面。因此提高我国各大商业银行的效率并分析不同的投入和产出指标对其效率的影响有着深远的理论意义和实际意义。

1.1.2 选题意义

1.1.2.1 选题的理论意义

首先，丰富了对银行效率的研究思路，研究者们为了研究银行的效率，给出了银行效率的含义，并提出各种方法对其进行测度，部分研究者还将各种不同方法得出的效率值进行比较，分析其中的相同点和不同点。其次，扩展了测度银行效率的研究方法，通过无参数的数据包络分析方法对银行效率进行测度并将银行效率分解成纯技术效率和规模效率，进而分析影响这些效率的原因。再次，研究者们还将传统 DEA 方法进一步发展，将原来的静态 DEA 发展成动态 DEA，通过构造 Malmquist 指数来测度银行的全要素生产率。传统 DEA 方法只能测度非前沿面上的银行效率，为了克服这一问题，本文后续给出了超效率 DEA 方法，可以测度位于前沿面上的银行效率，从而更好地进行比较。不管是传统 DEA 方法还是超效率 DEA 方法都只能进行横向效率比较，即对同一年度的不同银行效率进行相对比较。鉴于此，又发展了全要素生产率（TFP），Malmquist 指数是一种测度全要素生产率的非常有效的方法，近些年来得到了广泛的应用，它可以测度银行效率的动态变化，从而得出每家银行比上一年的效率是增加了还是降低了。最后，不同的研究者选用不同的投入和产出指标对我国各大商业银行进行效率测度，最终得出了各不相同的效率，有时候差异还很大。因此，本文解释了这些效率测度出现差异的原因，并选用了不同的投入和产出指标对我国商业银行的效率进行测度，进而分析了这些投入和产出指标的有效性及其对银行效率的影响。

1.1.2.2 选题的实际意义

研究者们将各种方法分别用于四大国有商业银行、股份制商业银行和城市商业银行的效率测度，分析各种不同类型银行间的效率差异，并将效率进行分解，进而分析影响这些效率之间的因素差异，提出提高效率的有效办法和相关的政策建议；另外，监督者们也可以根据测度的银行效率结果对我国商业银行进行监管，从而规范市场、分散风险，以达到维持金融稳定、促进金融改革的目的。

1.2 文献综述

1.2.1 对银行效率及其影响因素的研究

1.2.1.1 国外文献综述

目前国外研究银行效率的方法一般情况下可以分为两大类，一类是参数方法，即随机前沿分析（SFA）及其扩展；另一类是非参数方法，即数据包络分析及其扩展。国外有关研究银行效率的论文无非是这两种方法及其延伸，主要有以下几个方面：（1）随机前沿分析与计量经济方法的结合；（2）数据包络分析与计量经济方法的结合；（3）随机前沿分析、数据包络分析与计量经济方法的结合。目前测度银行效率的方法看起来很多，但实际上都以随机前沿模型和数据包络分析为基础，进而衍生出众多的测度银行效率的方法。本文使用的研究方法是数据包络分析，国外学者们做了很多有意义的研究。

随机前沿分析以及各种计量方法都是有参方法，而数据包络分析作为一种无参方法经常与上述有参方法结合来分析银行效率，因此发展了许多测度效率的新方法，并一度作为测度效率问题的学术前沿吸引着学者们的研究。

Nguyen（2007）应用数据包络分析方法测度了越南 2001—2003 年间 13 家银行的效率。他将核心劳动力和存款作为投入，将利息和非利息收入作为产出，得出这些银行的平均成本效率大约为 60.6%，在整个研究期间 Malmquist 平均年增长率是负的，大约是 -2.2%。同时，全要素生产率在 2001—2003 年间提高了 5.7%，而 2003 年的全要素生产率比 2002 年的全要素生产率提高 15.1%。全要素生产率的提高主要归因于技术效率，从某种程度上说，主要归因于技术效率的提高。他也得出越南银行体系的技术效率从 2001 年的 0.912 下降到 2002 年的

0.895。Nguyen 和 De Borger（2008）考虑了一种单一的 bootstrap DEA 和 Malquist 指数方法对 2003—2006 年间越南的 15 家银行进行了效率测度。他们除了使用核心劳动力和存款作为投入、利息和非利息收入作为产出以外，还增加了一种产出，即消费者贷款。他们发现除了 2005 年以外，越南银行的生产率在整个样本区间内趋于下降，尽管 bootstrapping 结果显示在 2004—2005 年间生产率变化是不显著的。而此时，尤其是 2001—2008 年间，越南经济正受到全球金融危机的影响，因此，Nguyen 和 De Borger 有以下几点没有考虑：（1）采用的数据集没有包含金融危机的年份区间，因而不能很好地估计金融危机对越南银行效率产生的影响。（2）没有考虑国有商业银行在越南整个银行体系中的主导作用，银行效率得分会受到银行大小和资产规模的影响。（3）由于数据的有限性，他们都没有考虑将购买的基金数据作为一种投入，将商业贷款数据作为一种产出。（4）没有考虑膨胀变量对投入和产出的影响。为了克服这些问题，Stewart（2015）使用 double bootstrap DEA 方法对 1999—2009 年间越南的 48 家银行进行了效率测度和分析。他得出以下结论：（1）一般情况下，银行效率在整个时期内是提高的，但是它不是每年都提高。（2）针对资产规模平均来说，大的和非常大的银行比小的和中等规模银行更有效率。（3）总体来说，非国有商业银行比国有商业银行有更高的技术效率（CCR）。（4）分支机构的数量和银行成立的年限对银行效率有显著的负影响，换句话说，那些有较多分支机构的银行和那些成立时间较长的银行比其他银行更加低效率。

Barros et al.（2008）应用 double bootstrap DEA 方法对 1993—2003 年间 13 个欧盟国家正在运作中的商业银行进行效率测度。他们发现合法的传统和国外所有制对公共政策有重要关系，竞争能够通过设定提高国外银行参与的政策所扩大。而且，位置对银行的效率没有显著影响，相反，银行效率受银行大小和银行传统活动的影响相对较大。Brissimis et al.（2008）应用 double bootstrap DEA 方法对 1994—2005 年 10 个新加入的欧盟国家 364 家银行进行了效率测度。他们的结果显示，银行机构改革和竞争都对银行效率有正面影响，而改革对全要素生产率的影响只在改革进程的末期是显著的。资本和信用风险对银行效率的影响在绝大部分情况下是负面的，而看起来比流动资产更能降低银行的效率。Wijesiri et al.（2015）对斯里兰卡36家微观金融机构进行效率测度。第一阶段结果显示许多微观金融机构没有逃脱金融和社会无效性的考证；第二阶段回归结果显示年限和资本资产比例是金融有效性的重要决定因素，而年限、金融机构的类型和资产收益率是社会有效性至关重要的决定因素。

Loannis E. Tsolas、Vincent Charles（2015）把证券组合的风险转化为银行效率，并提供了希腊银行证券业有效性的快照。由于金融危机的影响，该论文最近得到关注，对贷款损失准备金的监管可以产生不正常的结果，而且，事实上由银行持有的希腊债券对银行证券组合的风险水平有重要影响。他们通过一个令人满意的数据包络分析方法来测度效率，金融风险通过信用风险和私人部门银行的参与表现出来，一个可控和一个不可控的因素通过银行管理分别表现出来。由蒙特卡罗模拟衍生出来的随机 DEA 模型计算的结果与各自确定性模型相比较，作为构建随机前沿面进一步深化最好银行的分类，其优点也是显而易见的。

He - Boong Kwon、Jooh Lee（2015）结合数据包络分析方法和反向传播神经网络（BPNN）对一个两阶段的顺序生产进程探索出了一个创新性的模型。最近的文献对使用 DEA 方法建模两阶段生产进程显示出了越来越大的兴趣。但是，以前大多数对两阶段建模范围的研究也仅限于效率的测度并且忽略了预测价值和预测能力的发展方向。作为一种优化技术，两阶段 DEA 模型缺乏预测能力。尽管自适应预测模型有实际意义，但是这个领域以前很少有人研究。他们演示了一种综合的方法去构建模型，通过探索反向传播神经网络的预测能力并与数据包络分析方法相结合模型化了一个两阶段顺序生产进程。通过实证研究，由这两种方法结合构建的模型有效性最终通过美国大型金融银行业的实际应用得到了经验上的支持。

尽管如此，传统的数据包络分析视整个系统为一个"黑箱"，仅使用初始投入和最终产出来评价决策单元（DMU）的有效性。由于没有考虑到整个生产过程的中间阶段，之前的数据包络分析方法即传统 DEA 方法没有得出整个生产过程的各个中间阶段效率情况以及这些中间阶段到底在多大程度上影响了整个生产过程的效率。于是学者们为了解决这一问题又发展了一种网络数据包络分析模型，简称网络 DEA，用于研究各个决策单元是否有效以及各个中间过程有效性之间错综复杂的关系。如果各个决策单元不是网络 DEA 有效的，根据此模型还可以指出系统在哪些阶段是无效的。另外，随着研究者们继续深入的研究，近几年又发展了一种新的动态 DEA 方法。这是因为在经济运行和管理决策的过程当中，随着时间的推移，系统的状态也在不断地运行和变化着。我们不仅要关注很多个（同类）系统在同一个时段的运行状况好坏以及单个系统在不同时段的运行状况和它的变化情况，还要关注多个系统在不同时段整体的运行状态，它比之前的两种情况更具有复杂性和挑战性，因此，具有时序特征的系统动态综合评价问题应运而生了。1985 年，Charnes 等人提出时间窗分析（Window Analysis）方法，他们把处于不同时段的决策单元看作不同的 DMUs。比如一个企业四个季度的生产活动可以看作四个相同类型的 DMUs，可以通过类似于滑动平均法并选定不同的参考系去评价一个 DMU 的相对效率，这样做的好处是能从横向（一个 DMU 处在不同时段）、纵向（不同 DMUs 处在同一时段）和整体（不同 DMUs 处在不同时段）得出相对效率的变化情况。

目前国际上有关银行效率测度的前沿问题主要是网络 DEA 和动态 DEA 及其延伸，网络 DEA 是将传统 DEA 的"黑箱"打开，不仅考虑投入和产出，还考虑中间阶段，并研究中间阶段效率情况以及每一个阶段在多大程度上影响着整体的效率。动态 DEA 可以解决时间序列数据，弥补了传统 DEA 方法的静态特征，该方法同时关注多个系统在不同时段整体的运行状态。

Satoshi Ohsato、Masako Takahashi（2015）应用一个建立在松弛测量上的网络 DEA 方法（NSBM－DEA）评估了日本区域银行的管理效率。传统 DEA 曾经作为一种广泛应用的方法来测量银行的管理效率，但是日本区域性银行的情况已经多样化，用简单的传统 DEA 方法来测度日本区域银行效率受到了许多限制。作者研究的目的是评估日本区域银行整体和部门的管理效率,当区域银行评价它们的管理效率时,这个研究有助于理解这些部门的管理效率。

Ke Wang(2014)等人利用网络 DEA 方法在规模报酬不变的设定和产出不令人满意的考虑下对 2003—2011 年即第三轮中国银行业改革进程期间,分解、评估和检验了中国 16 个主要商业银行的效率。测度和提高中国商业银行的效率最近受到广泛关注,但是,很少有研究者采用两阶段网络 DEA 探讨中国银行问题。因为整体银行体系的操作进程可以分成两个子进程(存款产出和利润),子进程效率的评估能用来帮助鉴定整个银行体系无效率资源。作者使用一个额外的两阶段网络 DEA 评估中国商业银行体系的效率问题有深远的现实意义。本研究的主要发现如下:(1)两阶段 DEA 模型用来测度银行系统无效性比传统黑盒子 DEA 模型更有效,并且中国银行体系的无效性主要是由其存款生产子进程的无效性引起的。(2)因为改革的原因,中国银行体系总体有效性随着研究期间不断提高。(3)国有商业银行比股份制商业银行只在改革前呈现出总体上的有效性,并且改革后国有商业银行和股份制商业银行之间的效率差距不断缩小。(4)从一般意义上讲,对不良贷款(NPLs)的处置解释了中国银行体系效率的提高,特别是国有商业银行的股份制改革大大提高了它们的效率。

Necmi Kemal Avkiran(2015)使用动态网络数据包络分析(DN-DEA)方法借助稳健性检验对中国 16 家国外银行与 2007 年后经历了主要变革的 32 家国内银行进行比较。当网络和动态维度一起,分区和时间之间相互作用并反映在效率估计上时,对银行 2008—2010 年更全面的分析变得可行。Avkiran 用加权、规模报酬可变且非面向对象的动态网络模型在相互作用的方法框架内对银行行为进行了分析。银行网络(即一个决策单元 DMU)的概念是由两个分部分或者子单元组成的,即通过许多转换将利息相关的操作和非利息操作连接在一起。由子单元 1 和 2(分别是不良贷款和无用的转换)生成的不良产出被看成影响下列时期的遗留问题。在稳健性检验下,通过效率估计、性能模型的维度,通过重新采样估计的稳定性,和各种加权结果的敏感性以及规模报酬的假设对有阐述性的应用问题讨论了它们的区别。因为被使用的其中两个变量的模拟数据，中国商业银行的结果比较真实地反映出来。

Jianhuan Huang 等人利用超效率模型和带有坏产出的两阶段网络DEA模型，使用2008—2012年数据对我国商业银行进行效率分析。该模型将考虑了不良贷款的各大银行进行排序，探讨了我国商业银行整体效率和部门效率各自的特点以及它们的影响因素。结果如下：（1）效率产生两级分化发生在存款阶段，而不是贷款阶段；（2）论文中提到的五个假设，并不是所有假设都被支持。

1.2.1.2 国内文献综述

目前国内研究银行效率的方法基本都是从国外相关文献和著作中借鉴而来的，因此也分为两大类，即参数方法的随机前沿分析及其扩展和非参数方法的数据包络分析及其扩展。这里我们主要了解一下后一种方法及其扩展。

魏煜（2000）等人用DEA方法对我国商业银行效率进行测度并做出了分析和讨论，他将我国商业银行1997年的各种效率进行了计算，研究过程中对我国四大国有银行和其他商业银行的效率进行比较分析。根据研究结果，提出银行效率改进的手段，并提出需要进一步探讨的问题。

朱南、卓贤和董屹（2004）对处在转轨时期的中国四大国有银行进行数据包络分析，评估了中国商业银行的生产效率。为了弥补对有效率银行进行比较的不足，又引进了DEA超效率模型对2000—2001年中国14家大型商业银行进行效率得分排名。最后发现，十大股份制商业银行的效率明显高于四大国有商业银行的效率，过多的员工人数是制约银行效率提高的关键因素。为找到影响中国银行效率的环境变量，引入Tobit回归模型。回归结果显示，模糊的产权关系以及国有银行低的盈利能力是效率低的主要原因。他们认为，应该精简机构人员，这样才能在短期内提高商业银行的效率，但要从根本上提高商业银行的效率，除了构建国有银行盈利性目标的实现机制，最重要的是进行股份制改革。

杨大强和张爱武（2007）应用数据包络分析方法，从成本效率和利润效率入手，对中国商业银行1996—2005年的效率进行实证分析。得出两个结论：（1）中国商业银行存在非常明显的成本效率和利润效率；（2）我国股份制商业银行成本效率和利润效率低于我国国有商业银行，但我国股份制商业银行的效率增长速度明显快于我国国有商业银行。

赵翔采用某家商业银行2008年前三季度在北京的40家支行数据，使用BCC模型和超效率DEA模型对银行效率进行测度并排序。结论如下：（1）支行的平均效率较高，某些支行规模效率较低导致了该支行的技术效率较低；（2）规模无效率反映了支行管理水平、成本和风险控制能力高，但是需要调整规模以提高支行效率。

王文卓使用超效率DEA模型对我国15家主要商业银行2001—2011年数据进行效率测度。并使用Tobit回归模型分析对银行效率产生影响的主要因素。结果表明：（1）对某些因素进行控制以后，股份制改革对我国商业银行的效率起了明显的促进作用；（2）资产回报率、市场规模、管理能力等因素也不同程度地对我国商业银行的效率产生影响。

吴少新等人使用超效率DEA模型对我国四家比较典型的村镇银行进行效率分析并比较。结果如下：（1）超效率模型比CCR模型更能准确地对决策单元进行充分评价和排序；（2）我国村镇银行整体效率差别较大，资本实力弱，存款规模低，主营业务盈利能力比较差的村镇银行其经营效率也相对较低。

数据包络分析是评价具有可比性决策单元相对有效性的一种很好的工具，但是它存在的一个问题是这些模型没有把测量误差和其他统计噪声的来源考虑进去，因此所有偏离生产前沿的因素都被假定为来自技术无效。而随机前沿模型可以通过引入一个表示统计噪声的随机变量来解决这一问题。但是正如之前所说，随机前沿模型一个最大的不足之处在于，不管是估计距离函数、成本前沿还是利润前沿，研究者必须选择相关的函数形式、误差分布以及估计方法。因此国内众多研究者除了引进国外流行的随机前沿分析方法，还将数据包络分析和随机前沿分析加以比较，并由此发展了一些随机前沿分析和数据包络分析相结合的新方法，比如三阶段 DEA 方法中的第二阶段实际上就是随机前沿分析，这是值得祝贺的。

许晓雯和时鹏（2006）采用面板数据，分别用非参数数据包络分析方法和参数随机前沿分析方法对中国 14 家主要商业银行 1997—2001 年的综合效率进行测度，并对两种不同方法测度的银行效率进行排序和一致性检验，结果显示这两种方法测度出来的银行效率就数值本身而言有着显著差异，但是在效率排序上有着很好的一致性。

黄宪、余丹和杨柳（2008）运用 DEA 三阶段模型，对中国四大国有商业银行和 9 家股份制商业银行 1998—2005 年的 X 效率进行实证分析，研究表明，在此期间内中国商业银行的 X 效率整体呈现上升趋势，但是 X 效率的提高主要是由于配置效率的贡献，四大国有商业银行的平均效率提高幅度明显大于 9 家股份制商业银行的平均效率提高幅度。这是首次在国内将数据包络分析方法和随机前沿方法相结合对中国四大国有商业银行和股份制商业银行进行较大范围和较长期间的测度研究。

上述学者从国内实际情况出发，将国外的新方法应用到中国的银行，克服了研究方法上的单一性，并将效率分解成纯技术效率，规模效率等，更好地说明了影响这些效率的因素，对提高我国银行效率做出了一定的贡献。但是随机前沿分析必须选择相关的函数形式、误差分布以及估计方法来分析银行效率，而传统的数据包络分析方法作为一种无参数方法，尽管扩展出很多新方法，但还是出现了不少问题，比如国内许多文献在研究银行 X 效率的时候采用数据包络分析二阶段模型，其最大的不足之处就是无法去除环境变量和误差因素对效率的影响，黄宪、余丹和杨柳首次将数据包络分析三阶段方法运用到我国银行较大范围和较长时间的测度研究。三阶段 DEA 就是在第二阶段利用随机前沿方法克服了这一缺陷应运而生的。正如之前所述，传统的数据包络分析视整个系统为一个"黑箱"，仅使用初始投入和最终产出来评价决策单元的有效性，没有考虑中间生产过程，因而得不出生产过程的中间阶段效率以及各个阶段对生产过程整体效率的影响情况。为了弥补这一缺陷，研究者们发展了网络数据包络分析模型，简称网络DEA。另外，为了处理时间序列数据，测度多家银行在多个时间点的效率问题，又发展了动态DEA方法。这些方法是现在DEA的前沿问题，一些好的文章大多发表在国外杂志上，在此就不再赘述了。

1.2.2 对银行生产率及其影响因素的研究

1.2.2.1 国外文献综述

国外对银行生产率的研究比较早，近期对银行生产率的大部分论文都不单纯测度银行生产率，而是与银行效率等一起测度，在此选择几篇有代表性的论文做一阐述。

Franco Fiordelisi 和 Phil Molyneux（2010）利用全要素生产率测度了法国、德国、意大利和中国香港1995—2002年间各大银行（包括上市银行和非上市银行）的生产率和股东回报。作者通过欧洲各大私人银行效率和生产率的测度，分析了欧洲银行的股东权益问题，进一步分析银行成本效率和全要素生产率的价值相关性（包括技术进步、纯技术效率和规模效率的变化），并观察这些因素是如何影响股东的价值创造。作者发现TFP的变化最好地解释了股东价值（由被调整的市场收益测量）的变化，并进一步发现，在这两个样本中，技术变化似乎是欧洲银行TFP影响股东价值创造最重要的组成部分。

Cristina Bernad、Lucio Fuentelsaz、Jaime Gomez（2010）分析了兼并和收购对西班牙储蓄银行生产率的影响。兼并和收购经常随着价值创造和效率提高而产生，然而，实际发生的兼并和收购经常与成本、生产率或者公司的市场价值不一致。现存研究的一个显著特征是这些成果主要聚焦在合并发生时间段一系列过程的评估上，因而观察合并公司之间的完全整合受到限制。作者的目的是评估西班牙储蓄银行合并和收购之后长远的生产率提高。研究结果表明，在整个分析期间内发生的银行合并中，只有一半体现了生产率的提高。

Fadzlan Sufian（2011）采用Malmquist生产力指数（MPI）分析了

马来西亚在1995—2004年间银行部门的生产率。实证研究结果表明,马来西亚银行业出现的生产力倒退归因于技术倒退而不是效率下降,并进一步发现外资银行已经表现出生产力的倒退,而它们的国内同行表现出了边际生产率的提高。在研究期间,生产力水平似乎与证券交易所上市的银行正相关,但与外国的持股比例呈负相关。

Rui Li 等人使用传统 DEA 模型、bootstrap DEA 模型和 Malmquist 指数模型对中国6个东部沿海群体城市中的61个城市进行效率分析,并探索它们不同的旅游效率和这些城市的部分特征。得出如下结论:(1)使用 bootstrap DEA 测出的技术效率比使用 DEA-CRS 模型测出的技术效率低;(2)从2000年以来,长江三角洲城市和珠江三角洲城市的旅游效率几何平均值由无效变得有效,北京、天津、河北和山东半岛的平均值由无效变得弱有效。

银行生产率不但能从总体上测度银行效率的动态变化,还能将影响银行效率的各个方面进行分解,并找出提高银行效率的有效方法。

1.2.2.2 国内文献综述

当国外对银行生产率的分析已经相对比较成熟,以至于国外的学者们开始运用各种运筹学和管理学的方法进行银行效率分析的时候,国内学者才开始意识到测度银行效率分析的重要性。因此单纯测度银行生产率的优秀论文并不多见,我只选择一些有代表性的论文针对银行效率问题做一个总结。

张健华和王鹏(2010)根据比较全面的中国各类银行业数据以及以产出为导向的距离函数,运用随机前沿方法分析了中国三大类银行(四大国有银行、股份制商业银行以及城市商业银行)的全要素生产率进行研究,得出以下结论:(1)金融变革对我国银行业的全要素生产率增长起了至关重要的作用,特别是在前期,技术效率对全要素生产率的促进作用最大。(2)各种类型的银行业技术前沿不断扩张,特别是在后期,技术进步呈现逐渐下降趋势,甚至出现了退步,银行业更多地依靠规模效率达到业务扩张的目的。(3)从平均贡献看,技术效率的贡献比较大,规模效率的贡献比较小。从业务扩张方面来看,大银行的规模效率贡献比技术效率贡献大，小银行的技术效率贡献比规模贡献大。（4）资产规模比较大的银行弹性较高，体现出了一定的规模优势。

柯孔林和冯宗宪（2008）构建了 Malmquist – Luenberger 指数来测度银行效率，比较系统地归纳了我国银行的 TFP 在不同时期的变化情况，并将 TFP 分解。通过研究分析，2000—2005 年间中国银行全要素生产率平均增长率为 4.8%，主要来源于技术进步。并进一步发现我国国有商业银行的效率低于股份制商业银行的效率，但是国有商业银行的生产率改进明显比股份制商业银行的好。

袁晓玲和张宝山选取我国 15 家主要商业银行 1999—2006 年数据，使用 Malmquist 指数对我国商业银行的全要素生产率进行测度。结论显示：（1）我国全要素生产率整体呈现下降趋势。（2）分析了影响我国商业银行全要素生产率的各种因素，其中，资产市场份额、GDP 增长率等能提高我国商业银行的全要素生产率；而资产费用率、消费者价格指数等降低了我国商业银行的全要素生产率。（3）产权结构的多元化发展从一定程度上对我国商业银行全要素生产率起了促进作用。

王健等人利用超效率 DEA 模型和 Malmquist 指数对我国 14 家主要商业银行 2004—2009 年数据进行效率测度，并对银行效率进行分解。结果显示：（1）我国商业银行生产率整体上呈上升趋势；（2）股份制商业银行效率比四大国有商业银行的效率高，表明四大国有商业银行没有变现出规模上的优势；（3）2009 年的全要素生产率下降，原因可能是受到美国金融危机的影响。

Jianghua Zhang 等人使用广义 Malmquist 指数研究我国商业银行的效率，选取 1999—2008 年 150 家商业银行的数据分析市场发展对银行盈利能力方面效率的影响。结果表明：（1）随着时间的推移，中国商业银行的生产力增长主要原因是技术效率和技术变化的提高；（2）我国商业银行的效率受到市场发展变量的影响，包括非国有企业的比重、政府干预市场的程度、金融业的竞争和信贷分配的竞争。这些因素对银行盈利能力方面效率的影响取决于银行的类型。

随着中国四大国有银行以及股份制银行的逐渐商业化，不良贷款成为各家银行关注的重点,因此国内有不少学者就不良贷款与银行生产率之间的关系进行了研究。王兵和朱宁(2011)运用 SBM 方向性距离函数以及 Luenberger 生产率指数测算和度量了 2003—2009 年我国 11 家主要上市商业银行在不良贷款约束下的效率以及全要素生产率的增长,对影响效率和全要素生产率的各种宏观因素进行实证分析。结果表明:股份制商业银行效率比大型商业银行的效率高,非利息收入以及不良贷款成为银行无效率的主要因素,我国整个银行业的全要素生产率是不断增长的,股份制商业银行全要素生产率明显高于大型商业银行的全要素生产率,主要表现在规模效率的变化和技术效率的变化,外资银行的进入和 M2 的供给增长对我国银行业发展起了不可忽视的推动作用。

综上,上述研究者们借鉴了国外学者的方法对中国四大国有银行和主要的股份制银行做了比较细致的生产率以及生产率变动分析,对提高中国国有银行生产率起了非常重要的作用,另外,中国学者还对影响中国商业银行生产率的各种因素做了相关研究,尤其是非利息收入和不良贷款的影响。因此,认清这些主要的影响因素,并对这些因素做出关注将对我国商业银行的生产率提高起到促进作用。尽管如此,国内对银行生产率的研究还存在许多问题,第一,国内比较好的文献使用方法还是比较单一,大多是直接借鉴国外学者的方法,很少有自己的创新;第二,国内比较好的研究银行生产率方面的文献使用数据的期限不长,不能从宏观上说明中国在长时间改革创新中生产率的变化过程。

1.2.3 我国商业银行资源利用有效性及其对银行效率影响的研究

袁云峰和郭显光使用数据包络分析方法测度了我国 14 家商业银行 2002—2003 年的效率,并使用松弛调整技术测度了这 14 家银行 2003 年度的松弛调整量。结果如下:(1)我国四大国有商业银行的效率比股份制商业银行的效率低,原因是我国四大国有商业银行存在明显的人员过多问题;(2)我国商业银行有效供给不足,在"三有一符"完全满足的条件下,却不愿意发放贷款,即存在所谓的"惜贷"现象;(3)我国商业银行总资产充足,通过提高总资产量来提高我国商业银行的效率是不可行的。

吴育华等人根据传统 DEA 模型的径向调整和松弛调整等性质,为非 DEA 有效的决策单元提出了很多可以改进的方案,同时提出了一种新的投影模型。使用严密的数学推理,具体量化了径向调整量和松弛调整量,并提出了将非 DEA 有效决策单元转化成 DEA 有效决策单元的解决方案。

刘永春和谭兴民测度了 2005 年度我国四大国有商业银行和四家股份制商业银行的资源配置效率,结果发现:(1)我国四大国有商业银行的配置效率非常低,只有四家股份制商业银行的一半;(2)我国四大国有商业银行当务之急是提高银行的资源配置效率,通过各种途径提高银行的业务创新和扩张能力并严格控制国有商业银行的各种费用支出是提高银行资源配置效率的有效途径。

另外,员工人数和机构数是两种非常特殊的投入要素,目前我国商业银行普遍存在人员过多和机构臃肿性问题。近些年来,各大商业银行纷纷裁员、削减不必要的分支机构以提高银行效率,因此,研究这两种资源的有效性有很重要的意义。

从效率角度出发研究我国四大国有商业银行人员过多、机构臃肿性的文章少之又少。要么重点研究商业银行的效率,然后在文章的结论部分提到四大国有商业银行的人员过多和机构臃肿性问题;要么单独研究我国四大国有商业银行的人员过多和机构臃肿性问题,但不是从效率视角切入的。在此,本文将各个研究者的结论进行总结,为后续的实证研究提供一个框架。

张健华采用数据包络分析方法测度了 1997—2001 年我国商业银行的效率并进行比较,发现我国四大国有商业银行的效率明显低于股份制商业银行。王赫一和张屹山采用两阶段 DEA 方法测度了 2007 和 2008 年度我国主要商业银行的效率,发现四大国有商业银行的效率高于股份制商业银行。袁云峰和郭显光利用数据包络分析方法的松弛技术分析了 2002 和 2003 年度我国主要商业银行的效率,得出四大国有商业银行的效率跟股份制商业银行的效率互有高低,相差不大。问题出现了,为什么同样的方法得出的结论相差如此之大?仔细观察不难发现,问题症结所在是投入和产出要素的选择,主要是投入要素的选择导致了银行效率的差异。张健华选择的投入要素包括了注册资本和固定资产,这两种投入可以作为机构数和员工人数的近似替代,从而大大降低了四大国有商业银行的效率。王赫一和张屹山选择的投入要素是不良贷款率和业务管理费用率,没有一项投入跟员工人数和机构数有密切关系,从而测度的四大国有商业银行的效率有些偏高。另一个原因可能是他们测度银行效率的年份要靠后一点,有些学者认为,近些年来我国四大国有商业银行的效率有了一定程度的提高。比如前面介绍过的 ke wang 等人利用网络 DEA 方法测度了 2003—2011 年我国商业银行的效率,得出国有商业银行比股份制商业银行只在改革前呈现出总体上的有效性,但是改革后国有商业银行和股份制商业银行之间的效率差距不断缩小。袁云峰和郭显光选择的投入要素包括了员工人数和总资产,从而测度的效率要低一些。

中国农业银行黄冈市分行党委书记兼行长王志祥指出,要充分认识到农业银行目前实施减员增效战略的紧迫性和必要性,提出了当前农业银行在减员工作中存在的几个主要问题,并针对这些问题提出了推进减员增效战略的若干建议和对策。张迎春利用规模经济理论阐述了我国商业银行规模经济与各个银行机构收缩与扩张之间的关系,他得出随着银行规模的不断扩大,银行的平均成本曲线呈非常平滑的 U 形曲线,中等规模银行在规模经济上最优,明显好于规模比较大和规模比较小的银行。因此,四大国有商业银行的机构呈现出臃肿性,应该减小规模,削减不必要的分支机构;而小的城市商业银行机构数偏少,应该扩大规模,从而提高银行效率。

1.2.4 文献评述

通过对国内外银行生产率(例如 Malmquist 指数和全要素生产率)和银行效率(主要是有参方法的随机前沿分析方法和无参方法的数据包络分析方法)的相关研究文献的系统整理,我们发现国内外学者们分别用不同的方法从不同的视角对国内外银行的生产率和效率进行了全面的剖析，并把银行效率分解为技术效率、规模效率、配置效率等，进一步分析和讨论了影响银行效率的原因和改善措施，取得了非常大的成就。除此之外，研究者们所使用的方法众多，他们将无参数方法的 DEA 模型和有参数方法的 SFA 模型及各种计量经济学模型相结合，进而衍生出了数量繁多的扩展模型，为后续研究者们继续深入研究银行效率奠定了坚实的基础。但是考虑到我国的实际问题，我们不难发现大多数优秀的测度银行生产率和效率的论文都出现在国外的优秀杂志，其中的很多前沿方法很少应用在中国银行效率的研究，出现这一问题的主要原因可能是中国商业银行模式起步非常晚，曾经一度是国有四大银行垄断，随着近几年各种股份制银行的出现，国有四大银行也逐步开始商业化，随着银行市场化改革进程的进一步加强，这种局面会慢慢地被打破。因此，国内银行生产率和效率的研究在数据收集上也出现了一定的困难，比如很难收集到较长时期的时间序列数据，因而给国内银行效率纵向上的比较带来了一定的困难，也就很难形成比较统一的研究结论。主要表现在以下几个方面：

1.2.4.1 收集的数据年限短，选取的数据缺失严重

形成这一状况的主要原因是中国银行业的市场化进程起步比较晚，中国银行业的股份制企业也是近几年才陆续出现，由于较长年限的数据难以收集，对中国银行业生产率和效率研究的论文也就相应较少，形不成比较系统的结论。另外，目前比较大的少数几家银行经历了中国的整个市场化进程，而另外的一些股份制企业则近几年刚刚成立，这样计算出来的银行效率就缺失可比性。正是因为数据的缺失，很多研究者采用数值计算中的插值法补齐缺失的数据，这就造成了银行效率的失真。

1.2.4.2 使用 DEA 方法时，决策单元的个数太少

数据包络分析方法所用的投入和产出变量的个数受到决策单元个数的影响，决策单元越多，投入和产出变量就越多，反之亦然。目前

中国除了四大国有商业银行之外，股份制银行也只有十几家，这样能够作为投入和产出的变量个数就受到决策单元个数的限制，如果投入和产出变量过多就可能出现很多银行效率等于1或者接近于1的情况，这样银行效率实际测度出来的结果就失去了很好的说服力。

1.2.4.3 研究结论单一，没有很好的经济解释

总览国内近年来研究银行生产率和效率的相关文献，所使用方法很多，大多直接借用国外已经成熟的方法，并且跟着别人的脚步走，只是简单地将国外银行的数据换成国内银行数据而已。大多数文献也都是简单地使用DEA，并追求方法上的创新。但是银行效率背后的经济意义远比方法重要得多，比如，对银行指标进行径向调整和松弛调整，可以有效地分析银行资源利用的有效性。可惜的是，国内有关这方面的论文很少。大多数只是简单地选择一组投入和产出并测度银行效率，然后将不同类型商业银行的效率进行比较而已。另外在使用DEA方法的时候，都假定银行均处于同一时期所面临的效率前沿面，这样也就无法有效地评价和比较同时处在效率前沿面上银行间的相对效率。

1.2.4.4 没有充分考虑不同投入产出指标对银行效率的影响

国内很多研究者在借鉴国外论文的时候只从方法上借鉴，没有充分考虑不同的投入产出指标替换时银行效率已经发生了变化，而且有时候差异还很大。随自己喜好，自由地选择一组投入和产出指标进而得出不同类型商业银行的效率是没有说服力的，解释选择各组不同的投入和产出指标的原因很有必要。另外，国内有关研究不同投入和产出指标对银行效率影响的论文少之又少，大多数研究者还是简单借用国外的方法选择了单一的投入和产出指标，通过实证分析测度银行的效率。

1.3 研究的问题及方法和思路框架

1.3.1 研究的问题及方法

本文研究的主要问题是：（1）影响我国商业银行效率的因素有哪些？（2）银行效率如何分解？（3）用什么指标测度我国商业银行的效率更好？（4）不同投入和产出指标对我国商业银行效率的影响有什么不同？（5）我国商业银行资源利用有效吗？（6）资源利用有效性对我国商业银行效率产生了多大的影响？（7）员工人数和机构数多大程度上降低了我国商业银行的效率？

本文首先提出问题；其次对所提出的问题进行实证分析，用数据包络分析方法对我国银行的效率进行测度和分解；再次得出影响银行效率的主要因素并提出政策建议；最后分析了我国商业银行的资源利用有效性，并分析了两种特殊的资源（员工人数和机构数）对我国商业银行效率的影响。本文的研究方法主要有：

（1）实证分析：利用 Malmquist 指数对我国商业银行的全要素生产率进行测度，利用非参数的 DEA 方法及其两种方法的结合对我国商业银行的生产率和效率进行测度，并将生产率和效率进行分解，得出影响我国商业银行生产率和效率的因素，然后给出相应的政策建议。

（2）定量分析：通过数据包络分析方法对影响我国银行生产率和效率的各个因素进行定量分析，量化了这些影响因素具体的影响大小，并得出提高银行生产率和银行效率的有力办法。

（3）理论分析：通过理论分析方法，得出最能反映银行效率的投入指标和产出指标，并将最可能影响我国商业银行效率的一些重要因素考虑进入模型，观察其对我国商业银行生产率和效率的影响。

（4）模型分析法：为了得出银行生产率和效率的测度值，本文引入实证模型，有测度银行生产率的 Malmquist 指数模型、测度银行效率的 DEA 方法及其这两种方法的结合。

（5）比较分析法：通过对我国商业银行生产率和效率的测度，指出我国各种不同类型的商业银行之间的效率差异，并进一步指出影响这些效率的各种不同因素之间的差异，还将各种不同模型得出的效率值进行比较。

（6）总体和个体相结合分析法：本文即对某一家银行的效率进行测度，观察其与其他银行效率之间的不同，并指出改进措施；又对某一类银行的效率做出评价，指出其与其他类银行效率值的差异，并分析其影响效率的因素；还对我国商业银行的总体效率进行分析，提出提高我国商业银行总体效率的政策建议和改进措施。

1.3.2 思路框架

本文共分为8章，安排如下：

第1章为绪论。本章首先介绍本文选题的背景，从理论和实际出发介绍了本文的研究意义；其次对国内外有关银行生产率和效率的研究状况进行评述，指出了已有文献的贡献并分析了不足之处；再次总结本文研究的思路框架，并提出了研究的问题和所使用的方法；最后指出了本文的难点和可能的创新之处。

第2章为银行效率和生产率的相关理论及其测量方法。本章首先介绍了效率的一般概念及其演变过程；其次介绍了银行效率和生产率的相关概念，对与效率和生产率相关的概念做了简要剖析，并给出了目前银行效率的分类；再次提出了银行效率和生产率的测度方法，生产率主要是基于Malmquist指数来测度银行的全要素生产率，效率的测度主要是通过无参数的数据包络分析方法；最后指出了影响银行效率和生产率的因素，并对银行效率和生产率进行分解。

第3章为我国商业银行效率测度出现差异性原因分析。本章首先介绍了不同研究者对我国商业银行效率测度出现差异的原因；其次介绍了三个反映银行不同能力的模型，分别对应着三组不同的投入和产出指标；接着解释了不同的投入和产出指标对我国商业银行效率所产生的不同影响；最后对我国主要的商业银行进行分类。

第4章为三组不同投入产出指标对我国商业银行效率影响实证研究。本章首先收集了我国4家国有商业银行、13家股份制商业银行和

3 家上市城市商业银行 2008—2015 年间的数据，选取三组不同的投入指标和产出指标对我国商业银行效率进行测度并将效率分解，其次分析了不同模型下我国商业银行的效率及其影响因素，最后使用超效率 DEA 模型测度了位于前沿面上的银行效率。

第 5 章为三组不同投入产出指标对我国商业银行生产率（效率动态变化）影响实证研究。主要是对全要素生产率进行分解。本章仍然选取 4 家国有商业银行、13 家股份制商业银行和 3 家上市城市商业银行 2008—2015 年间的数据，选取三组不同的投入指标和产出指标对我国商业银行的全要素生产率进行测度；用一种非常流行的 Malmquist 指数来反映全要素生产率（TFP）。并对 Malmquist 指数进行分解，给出了分解后各个因素的实证结果并分别进行了分析和讨论。最后提出相关的政策建议。

第 6 章为我国商业银行资源（投入产出指标）利用有效性及其对银行效率的影响。本章主要介绍了影响银行效率的投入和产出指标的利用有效性以及这种有效性对我国商业银行效率的影响。运用径向调整和松弛调整技术对三个不同模型下的投入和产出进行有效性分析。径向调整主要是由银行技术无效性引起的，而松弛调整是银行资源的纯粹浪费。本章对不同模型投入和产出的径向调整和松弛调整都进行了分析，并给了具体的调整量。

第 7 章为两种特殊的投入指标对我国商业银行效率的影响。本章主要介绍了两种特殊的投入要素，一是员工人数；二是机构数。分析这两种投入要素对我国商业银行效率的影响，结果发现这两种投入要素会大大降低我国商业银行的效率，即我国商业银行普遍存在人员过多和机构臃肿性问题，而最严重的就是四大国有商业银行。

第 8 章为全文总结。本章首先比较系统地归纳和总结了本文的主要研究结论；其次提出了提高我国商业银行效率的有效途径，并给出了相关的政策建议；最后指出了本文研究的不足之处，并提出了有待进一步研究的问题以及未来的研究方向。

1.4 文章难点和创新点

本文的主要难点有以下两点：一是数据缺失与所要求的投入产出变量之间的矛盾。由于我国国有商业银行只有4家，股份制商业银行只有13家，而城市商业银行很多都刚刚兴起，本文选取已经上市的3家城商行，因此能够进行银行效率分析的银行数量就变得非常有限，这样能够作为投入和产出的变量少之又少。二是投入产出指标的选择与银行效率之间的矛盾。由于不同的投入产出指标会测度出不同的效率，所以投入指标与产出指标之间应该具有一定的相关关系。DEA方法本身也许并不重要，投入产出指标解释的经济含义更有实际意义。许多研究者对我国商业银行进行了效率测度，最后的结果大相径庭，甚至有些结论完全相反，主要原因是各投入产出指标之间也有很大的相关性，如何有效地选择投入和产出指标是进行银行效率分析的重中之重。

本文在文献评述部分已经指出了现有文献的一些贡献以及现有文献的几点不足，针对这些不足，本文试图从以下几个方面进行创新：

（1）之前有关银行效率的研究都比较早，本文选取的时间段是2008—2015年，数据是最新的。这个时间段基本涵盖了近年来银行系统发生的重要变革。而且研究的问题主要是以效率分析为主，研究径向调整和松弛调整量的文章少之又少，本文详细分析了各家银行有效利用资源的能力。

（2）样本看似只有20家银行，但它覆盖了我国最重要的银行系统，包含了四大国有商业银行、13家股份制商业银行、3家上市城商行。

（3）以前的很多研究大多数数据都不全，还有很多学者为了弥补数据采用了插值的方法。本文的数据都来自《银行年报》和《金融年鉴》，所有数据都是各大银行公布的原始数据，未经过任何处理，能够更好地反映各大商业银行的效率。

（4）之前的研究大多数都选取几种投入要素、几种产出要素使用单一模型对银行效率进行测度，本文运用不同的模型，从银行盈利能力、银行扩张能力以及银行员工和机构创造收益的能力三个方面，各自选取不同的投入和产出要素对银行效率进行测度，分析生产率变化，并给出了径向调整和松弛调整量。另外，本文选择不同的投入要素还有一个目的，即突出员工人数和机构数对银行效率的影响，从而分析四大国有商业银行的人员过多和机构臃肿性问题。

第 2 章　银行效率和生产率[①]的相关理论及其测量方法

2.1　银行效率的相关理论及其测量方法

2.1.1　生产技术的集合表示

众所周知，单产出的成本函数和利润函数很容易得到推广，以便适应于多产出的情况。为了避免概念上的混淆，我们把单产出技术情况称为生产函数，多产出的生产过程称为多产出生产技术，而不是生产函数。

描述多投入、多产出生产技术的一种非常便利的方法就是利用技术集。这里我们引入一些常见的记号，比如用 q 表示产出，投入自然用 x 表示了。它们都表示由很多分量组成的向量，这些分量全都大于等于 0。因此，技术集可以定义为 x 能生产出 q 的所有可能组成的集合。这个集合是由所有投入向量与产出向量 (x, q) 构成的，使得 x 能生产出 q。这一技术也可以用技术变换函数来表示。生产技术能够等价地利用投入集合与产出集合来表示和刻画。

2.1.1.1　产出集

产出集是为了定义我国商业银行的生产技术而定义的。通俗地讲，它表示若干的投入能够生产出若干的产出。产出集是很多参考书中描述二维产出向量的生产可能性曲线的基础。很多时候，产出集被看成

[①] 此处的生产率是指基于 Malmquist 指数测度的商业银行全要素生产率。

是与各种不同投入向量 x 有关的生产可能性集合。

产出集具有以下的性质：（1）有给定的投入集，可以无所作为，也就是什么也不生产；（2）如果银行生产出某种产出指标，那么就必须有相应的投入才行；（3）产出的各项指标是可以随意处置的，可以无限拆分；（4）对应于产出的各项投入指标也是可以随意处置的，也可以无限拆分；（5）产出集是闭集；（6）产出集是有界的；（7）产出集是凸的。

2.1.1.2　投入集

投入集是由能生产出给定产出向量 q 的所有投入向量 x 组成的。投入集具有以下几个性质：（1）对于所有 q，投入集是闭集；（2）对于所有 q，投入集是凸的；（3）根据具体情况，投入集应该具有弱可处置性或者强可处置性。

投入距离函数的这些性质，能够容易地利用隐含与产出集性质中的生产技术假设推导出来。由于产出集与投入集提供了两种可选的对潜在技术的描述，因而投入集和产出集又是相互关联的。很容易看出，如果 q 属于产出集，也就是 q 能用投入向量 x 生产，那么 x 属于 q 的投入集。我们应该注意到，这些描述是等价的，因为它们包含同样的信息。

我们暂时还没有加入时间因素。如果所讨论的生产技术涉及年度 t，那么所有的集合都要添加上标 t。当我们所关注的内容是在两个不同的时点上来测算生产率水平，并且生产率随时间变化时，做这种标记就非常重要。

2.1.1.3　生产可能性曲线与收入最大化

多产出生产技术非常难以概念化和形象化，主要是立体图形没有平面图形让我们更容易接受。我们试图运用单投入、两种产出的简单例子做一下说明。我们假定一个投入需求函数，其中我们把单投入表示两种产出的函数：$x_1 = g(q_1, q_2)$。这个单投入、两种产出的情况可以用于阐明生产可能性曲线的思想。生产可能性曲线表示一条很特殊的曲线，在这条曲线上所有银行的产量都是完全相同的。另外，生产可能性曲线描绘出了使用给定投入水平能够生产的各种不同的产出组合。

对应于等成本线的收入是等收入线，其斜率等于负的产出价格比。收入最大化的点取决于等收入线和生产可能性曲线的切点。假设等收入线与生产可能性曲线的切点为 A，则在生产可能性曲线上除了 A 点之外的任一点生产，就意味着较低的总收入，因而有较低的利润。另外，我们还需要注意一个事实，技术变化可以更倾向于生产更有优势的一种产品。

2.1.2 产出与投入距离函数

这个函数很多学者都有提到，它能有效地测量我国商业银行的效率以及效率的动态变化。这个函数的基本思想也是非常容易理解的，就是关系到我国商业银行各种指标的使用量问题，关系到这种使用量是否刚好、不够或者过多。此概念在 20 世纪 50 年代就有人提出，但是一直没有得到广泛应用，这些年很多研究者们开始关注这个概念。为了测量效率和效率的动态变化，在给出这个概念之前可以先做一些铺垫。

这个概念跟我国商业银行的目的没有多大关系，可以有很多种投入指标，也可以有很多种产出指标。它既可以针对投入指标进行定义，也可以针对产出指标进行定义，具体来说，要看我们所研究的问题。假如所有产出指标的使用量已经确定了，那么投入量稍微改变一点点，银行会发生怎样的变化呢？投入距离函数就是为了解决这个问题而被人们所注意。同样，假如所有的投入指标使用量也已经确定了，那么产出量稍微改变一点点，银行又会发生怎样的变化呢？产出距离函数自然就产生了。

2.1.2.1 产出距离函数

顾名思义，产出距离函数跟产出的各种指标密切相关，也就是说：

$$d_0(x, q) = \min\{\sigma: (q/\delta) \in P(x)\}$$

第 2 章 银行效率和生产率的相关理论及其测量方法

产出距离函数具有以下性质：(1) 如果投入指标 x 大于等于 0，当 $q=0$ 时，产出距离函数等于 0。(2) 对于产出指标来说，它不是单调递减的；对于投入指标来说，它不是单调递增的。(3) 对于产出 q 来说，它是线性的，并且同比例收缩或者扩大。(4) 对于投入指标 x 来说，在图形上凸向原点；对于产出指标 q 来说，则相反。(5) 如果 q 代表产出指标，x 代表投入指标，则此函数的数值不可能大于 1。(6) 如果 q 刚好处于前沿上，那么这个数值必须等于 1。

这里我们考虑很多种投入指标生产了两种产出，分别是 q_1 与 q_2。对于银行来说，多种投入指标 x 生产出 q_1 和 q_2 的距离函数的数值可以在图形上找到它的位置，假如做个记号，是点 A。则 A 点一定位于生产可能性前沿以及两坐标轴围成的区域内的一点。假设坐标原点是 O 点，连接 OA 的射线与生产可能性集合的交点是 B 点，则距离函数等于 A 点到 O 点的距离除以 B 点到 O 点的距离。

我们还注意到一个事实，位于各家银行前沿面上的所有点，该函数的数值都等于 1。

2.1.2.2 投入距离函数

顾名思义，投入距离函数跟银行的投入指标有密切关系，也就是说：

$$d_i(x, q) = \max \{\rho : (x/\rho) \in L(q)\}$$

其中 $L(q)$ 是指银行的各种投入指标组成的集合。

投入距离函数具有以下性质：(1) 该函数对于投入指标 x 来说不是单调递减的；对于产出指标 q 来说不是单调递增的。(2) 该函数对于投入指标 x 来说是线性的，并且同比例扩大或者收缩。(3) 该函数对于投入指标 x 来说，在图形上是凹向原点的；对于产出指标 q 来说，恰好相反。(4) 对于银行的投入指标 x 和产出指标 q 来说，其函数值不可能小于 1。(5) 如果 x 属于投入集的前沿，那么投入距离函数等于 1。

我们举一个跟前面类似的例子，假如银行生产很多产出，但是投入只有两种 x_1 与 x_2。假设产出指标和其产出量固定不变，投入集 L

(q) 是等投入线以上的区域。使用两种投入 x_1 和 x_2，生产产出水平 q 的值，我们假设为 A 点，则 A 点一定位于等投入线的上方。假设坐标原点为 O，连接 OA 与等投入线相交的点为 B，则投入距离函数等于 OA/OB。

我们还注意到，位于等投入线上的点，该函数的数值不可能偏离 1。

2.1.2.3 两种距离函数的关系

首先，如果产出指标 q 是跟投入指标 x 密切相关，那么投入指标 x 也必然跟产出指标 q 密切相关。其次，如果投入和产出都是弱可处置的，则产出距离函数小于等于 1 的充分必要条件是投入距离函数不可能小于 1。更进一步，如果各家银行的技术都表现为规模报酬不变的话，那么两种距离函数的乘积必然等于 1。

这两种函数都有很大用处，尤其是在测度银行效率方面，它们还可以衍生出很多其他的定义。这些函数值可以通过许多统计学或者计量学手段进行测算或者估计。本文用到的数据包络分析方法就是一种确定生产前沿与计算投入和产出距离的非随机、非参数方法。

2.1.3 利用距离函数测算效率

这里我们介绍一些广泛使用的效率测量方法，并且讨论如何计算出它们相对于给定的由某些前沿函数形式表示技术的测量值。效率有很多种不同的测量方法，我们用迄今为止已经发展起来的概念来描述它们之间的关系，比如刚刚讨论过的产出与投入距离函数的概念。下面我们给出对现代效率测量的一个非常简要的介绍。根据众多研究者的总结，定义了能计算多投入银行效率的简单测量。假如我们知道了银行各种投入指标的价格，我们还可以定义配置效率，但这不是本文的内容了。不改变所生产的产出，专注于投入的减少，我们称之为投入导向；不改变所使用的投入量，专注于产出的增加，我们称之为产出导向。

第2章 银行效率和生产率的相关理论及其测量方法

2.1.3.1 投入导向测量

我们考虑涉及两种投入（x_1，x_2）和单产出 q 银行的简单例子来说明。以 x_1/q 为横坐标轴、x_2/q 为纵坐标轴建立坐标系。假设存在一条等产量线，它表示完全效率银行的单位等产量。如果一家银行用一定的投入去生产单位产出量，那么银行所使用的投入量要么在该等产量线上，这时银行是有效率的；要么在等产量线的上方，此时银行是无效率的。假如此时银行的投入点是 P，那么连接原点 O 和投入点 P 与等产量线的交点为 Q，则该家银行的技术无效率可以用 OP 的长度来表示。技术无效率自然也可以通过图形上各种线段的长度比例来表示出来，它的大小等于 O 点到 Q 点的距离除以 O 点到 P 点的距离，它还等于 1 减去 Q 点到 P 点的距离除以 O 点到 P 点的距离。它的数值大小不能小于 0，也不能大于 1。数值的大小等于 1 表示该银行在技术上是没有效率的，反之亦然。

另外，我们仍然可以用相似的函数来定义银行在技术上的效率问题，当然是投入导向。技术效率与该投入函数的乘积也必然等于 1。如果该函数的数值等于 1，那么表示银行的技术效率也等于 1。

上述有两种投入和一种产出的可以用图形来表示，跟前面的情况非常相似，只是规模报酬不同而已，前面的是规模不变，而现在的是规模可变。因为问题相似，我们不做过多讨论。

2.1.3.2 产出导向测量

说了这么多，很多人会提出以下的问题："如果所有的产出指标及其使用量都不发生改变的话，银行的各种投入指标是不是可以节省很多资源？"同样，也有这个问题的反面："如果银行所有的投入指标及其使用量都不发生任何改变的话，其各项产出指标会不会增加很多？"这其实是同一个问题的正反两面，相关的原理是相同的，我们也不做过多的讨论。值得注意的是，如果各家银行表现出规模报酬不变，那么这同一个问题的正反两面得出的结果必然也是相同的。

另外，银行技术效率的产出导向测量也可以用产出距离函数来描述。产出导向的效率测量值等于产出距离函数值。

我们定义的效率测量要注意三个方面：

首先，如果我们改变各家银行投入指标和产出指标的单位，比如将原来的元扩大一万倍，变成万元，其效率值必然是相同的。因此，这里得出的效率是一种相对效率，是某一家银行相对于别的银行来说比较有效率而已。同样，得出的效率值越高，表示该家银行比其他银行经营得越好；其效率值越低，表示该家银行必须要提高技术水平以达到可以跟其他银行相匹配的效率。

其次，我们还可以从成本最小化和收入最大化出发来讨论配置效率，但是这必须知道价格信息。而银行的投入和产出大多数是以人民币为标准，因而很多的时候失去了价格信息，在测度配置效率时显得很不合适。我们甚至还可以从利润最大化角度去讨论效率。利润最大化适用于多种不同的方式。主要困难与技术效率测度测量的导向选择有关（投入导向、产出导向或者两者都选）。还有很多研究者引入方向距离函数来测度效率，这不仅在技术上超出了本文的范围，更因为测度银行效率时缺失价格信息而与本文研究的银行效率有很大出入。

最后，投入和产出导向技术效率测量与投入和产出距离函数是等价的。认识这一点，对后面我们讨论利用数据包络分析方法计算 Malmquist 指数来测度银行的全要素生产率尤为重要。

2.1.3.3 规模效率[①]

我们之前所讨论的问题是各家银行的投入指标和产出指标的价格没有发生变化。还可能出现这样一种状况，一家银行可能既是技术有效的又是配置有效的（如果知道价格信息的话），但是如果银行在这种规模下运营，就不能使得银行效率达到最大。那么就可能出现以下两种情况：一是某家银行相对于其他银行来说，其规模有点小，此时扩大银行的规模可以使该家银行的效率得以提高；二是某家银行相对于其他银行来说，其规模有点大，比如四大国有商行，此时缩小银行

---

① 规模效率跟规模收益是不同的，规模效率衡量的是银行的规模对测度出来的银行效率的影响。

的规模可以使得该家银行的效率也同样得以提高。不管是哪种情况,该家银行都可以依靠改变自身的规模大小去提高自身效率。

很多研究者试图通过测量规模效率(Scale)及其对生产率随着时间变化的影响,将生产率进行分解。现在得到广泛应用的是将生产率变化分解为各种效率变化。在只有一种投入指标和一种产出指标的时候,规模效率很好计算,但是在多投入多产出情况下比较难以概念化。我们首先讨论一下单投入和单产出的情况,然后试图对多投入多产出情况做一个简单的概述。

我们只需要以投入 x 为横坐标轴,产出 q 为纵坐标轴,便可以勾画出只有一种投入指标和一种产出指标在图形上的大体情况。首先从坐标原点 O 引出一条射线,假定为 CRS 技术;其次,VRS 技术前沿是一条曲线,且在 CRS 前沿的下方,假定与 CRS 前沿相切于 B 点。值得注意的是,除了 B 点 CRS 技术和 VRS 技术相等(因为斜率相等)以外,VRS 前沿上的任何一点的斜率都小于 B 点的效率,即 VRS 前沿上除了 B 点以外的任何一点,其产出与投入的比例都低于 B 点产出与投入的比例。我们假定 VRS 前沿上 B 点下方有一个点 A,B 点上方有一个点 C。因为 A、B、C 点都位于 VRS 前沿上,所以这三个点都是技术有效的,因为它们都在生产前沿上运营。然而,每家银行的生产率都等于产出量与投入量的比率(y/x),这一描述等价于从原点到数据点 (x, y) 的射线的斜率。实际上,就算每家银行在技术上都不是无效率的,那也不能说明每家银行给定相同的投入指标及其使用量就一定能生产出完全相同的产出。因为银行的规模大小也对银行的效率产生了至关重要的影响。

位于 A 点的银行明显没有处在最优规模上。它通过向 B 点移动,使得该银行可以通过相同的投入生产更多的产出,或者说使用较少的投入能够生产相同的产出。位于 C 点的银行明显也没有处于最优规模上。它通过向 B 点移动,也可以产生跟上述一模一样的效果。

而位于 B 点的银行既不能通过相同的投入生产更多的产出,也不能用较少的投入生产相同的产出。这表示位于 B 点的银行就规模本身来说已经没有更好的改变,或者等价地说,B 点已运营于技术最优生产能力规模。直观地讲，B 点位于从原点发出的射线（CRS 技术前沿）与 VRS 前沿相切的点。因此，CRS 技术也可以描述为产出与投入比例（y/x）的最大值，即能最大化生产率的（可行的）生产点。

因此，对于一家效率无效的银行，既可以平行移动到 VRS，即通过提高管理水平和技术水平来提高效率，又可以继续移动到 CRS 技术与 VRS 技术相切的点，即通过改变银行的规模来提高效率。它们之间的关系是 SE = TE CRS / TE VRS。其中 SE 表示规模效率，TE CRS 和 TE VRS 正是我们之前所讨论的那两种技术，一种是报酬不变，一种是报酬可变。

对于有多种投入指标和多种产出指标的情况，我们不能像单一的投入和产出指标那样在图形上简单地描述，但是其原理是非常相似的。对于一家给定的银行，利用多种投入指标去生产多种产出指标其实也是在前沿面上线性规划方程最优化的点。这种是直观的、有用的工具，但在实践中应用它需要花费太多的时间，因为对于每一个样本都要重复这个过程。为了直接获得 SE 测量，利用距离函数测量更容易一些。

我们可以为一个运营于给定投入向量为 x、产出为 q 的银行定义规模效率的投入导向测量。

如果能识别出 VRS 和 CRS 技术以便恰当地测算这个定义中涉及的距离，就能使规模效率的测量有可操作性。我们会在后文中讨论利用数据包络分析方法来计算规模效率。

2.2 银行生产率的相关理论及其测量方法

本节我们主要阐述如何测算生产率和生产率变化。生产率的测量跟效率的测量本质上来说是相同的，都是用到前沿技术。但是它们又有所不同，效率的测量是相对的，是横向比较，不能测度出不同年份的银行效率变化，而生产率测量可以做到。

2.2.1 测算生产率和生产率水平比较

当银行只使用一种投入指标和一种产出指标进行生产率测度时，

第 2 章　银行效率和生产率的相关理论及其测量方法

就如我们之前测度银行的效率一样，都很容易。不过，投入指标由一种变成多种，产出指标也由一种变成多种的时候，其麻烦程度就不言而喻了。有很多学者想到了偏生产率的概念，就是银行用每单位的投入能生产多少。这个概念虽然经常使用，但是它有很大的局限性，而且很可能误导和扭曲银行的绩效。当研究者想要通过资本密集度和其他因素的改变来解释劳动生产率的差别时，这种测算经常用于增长核算研究。这时，我们提出了一个新的概念，就是全要素生产率。而代表全要素生产率的有很多种指数，我们会在后面慢慢介绍。这些指数就是为了解决偏生产率的不足而定义的。当有多种投入指标和多种产出指标的时候，这些指数就显示出了它们特有的优势。

对有多种产出指标与多种投入指标的银行 TFP 如何进行计算的问题，很多学者曾经给出过相应的方法。假定我们有两个分别利用投入 x_1 和 x_2 生产产出向量为 q_1 和 q_2 的银行。设定对应的产出与投入价格向量由 (p_1, p_2) 与 (w_1, w_2) 给出。当银行的投入和产出不考虑价格信息时，可以假定价格等于1，于是，银行1和银行2的利润率比值可以这样计算：每家银行的利润率等于该家银行自身的产出向量与产出价格向量的乘积除以该家银行自身的投入向量与投入价格向量的乘积。

假定第一家银行的利润率为 r_1，第二家银行的利润率为 r_2，则相对绩效的测量是由比率 r_2/r_1 得到的。虽然 r_1 和 r_2 是全要素生产率的标量测量，但是，对 r_1 和 r_2 进行严格比较是困难的，因为这两家银行面对的产出和投入价格是不同的。这里唯一的选择是根据价格水平的不同来调整价值加总。这样的调整就要求利用适当的价格紧缩指数或者价格指数对公式的分子与分母的价值加总进行缩减。

在单投入与单产出银行的简单情况下，我们由 (p_1, q_1, w_1, x_1) 和 (p_2, q_2, w_2, x_2) 给出两家银行的数据。在这种情况下，由下面的公式给出利润率的比较：

$r_2/r_1 = (p_2 \times q_2/w_2 \times x_2) / (p_1 \times q_1/w_1 \times x_1) = (p_2 \times q_2/p_1 \times q_1) / (w_2 \times x_2/w_1 \times x_1)$

上式给出银行2与银行1之间的一个利润率的比较。如果我们对银行 1 与银行 2 所面对的价格差别进行调整，把上式的分子除以（p_2/p_1），分母除以（w_2/w_1），那么上式的利润率就简化为：$r_2/r_1 = (q_2/q_1) / (x_2/x_1) = (q_2/x_2) / (q_1/x_1)$

上式具有一些有意思的特性。它利用利润率比值将银行 1 和银行 2 的生产率比较直接地简化为：由 q_2/q_1 表示的产出水平差异与由 x_2/x_1 表示的投入比率之间的比值。如果银行 2 比银行 1 多生产 50% 的产出，但只多使用 25% 的投入，那么相对于银行 1 的生产率水平而言，银行 2 的生产率水平测量由 1.50/1.25 = 1.2 得出。这与银行之间的生产率差异所涵盖的道理是一致的。此公式的最后一部分还表明，相对利润率其实就是银行 2 与银行 1 的由每单位投入的产出测量的生产率之间的比值。

容易看出，当存在多投入和多产出时，如果价格水平相差很大的话，比较不好处理，但这已经不是本文的范围。在本文中银行的各种投入和产出指标是没有给出价格信息的。在测算生产率随着时间变化的背景下，多投入和多产出的情况将在下一部分做进一步介绍。

我们应该指出，要识别两家银行的利润率差异的主要来源是非常容易的。首要的是，两家银行所支付的投入和产出的价格不同，因此，如果给定银行面对着相对于投入价格来说优惠的产出价格，或者面对着优惠的进出口交换比率，那它在名义上就有更大的收益。在估算生产率绩效方面，我们建议去掉价格影响。一旦利用实际产出和投入测量（通过适当的价格指数来缩减名义加总值）来比较生产率水平，那么利润率本质上取决于两家银行的相对效率。如果两家银行在相同的技术下运营，既然在给定时点上做水平比较，那么基于利润率的生产率测量就取决于两个所讨论的银行的技术效率、配置效率以及规模效率水平。如果不考虑价格信息，或者认为价格等于 1 的话，则生产率测量就取决于两家银行的技术效率和规模效率水平。

2.2.2 测算生产率变化与全要素生产率指数

设想两个不同时期的银行效率变动或者生产率改变。不过这里我们不是单纯地测度效率变动，因为效率变动说到底就是生产率。我们

第 2 章 银行效率和生产率的相关理论及其测量方法

测度的是生产率如何变动，这跟只测算一家银行的生产率水平是不一样的。如果一家银行的投入指标和产出指标不是一种，而是有很多种，那么就可以使用全要素生产率或者多要素生产率指数来表示生产率的变化（增长或者减少），尽管它们包含的东西是有细微差别的。

此时，我们来单纯地比较两个不同时期的生产率变化问题。设定一个时期是 s，一个时期是 t。我们还需要知道第 s 期和第 t 期的技术条件。在第 s 期针对于各种投入指标有若干的投入量；在第 t 期针对于各种产出指标有若干的产出量。由于银行的各种投入指标和各种产出指标不知道其价格是多少，或者我们可以认为其价格都等于 1，当然，如果不是针对本文，对于一些需要知道价格信息的，我们也可以考虑其价格带来的影响。这时，还需要多出两个向量，一个是跟投入有关的向量，其分量就是各种投入指标；一种是跟产出有关的向量，其分量就是各种产出指标。

为了准确地测度各家银行的生产率是如何变化的，我们需要知道这些银行的各种投入指标数据和各种产出指标数据。有很多种不同的方式可以测出这些变化，当然结果也不尽相同，我们在此给出以下几种方法介绍：

（1）希克斯—穆尔斯廷方法。这种方法虽然不常用，但是其想法一目了然。假定一个时期 s，其产出量增加了很多，我们给它一个固定的数值，假设是原来的 2 倍。此时所用到的投入指标的使用量如果不足原来的 2 倍，那么银行的生产率是增长的；如果所用到的投入指标的使用量超过原来的 2 倍，那么银行的生产率是下降的；如果所用到的投入指标的使用量刚好是原来的 2 倍，表示银行的生产率没有发生任何变化。

（2）根据银行两个不同时期（第 s 期和第 t 期）的价格变动从而计算银行的利润率到底发生了怎样的变动，从而来推算各家银行的生产率水平是增加了还是降低了。这种方法仍然需要银行各种投入指标和产出指标的价格，在此就不再举例。

（3）CCD 法。它是生产技术已经给定了，两个时期仍然是 s 期和 t 期，各家银行的投入指标及其投入指标的使用量已经固定了，来观看产出是如何变化的一种方法。这里的产出是指能使得各种产出指标的产出量达到最大化。如果投入指标的使用量没有发生任何变化，s 期的产出量只生产了产出指标可能达到的最大数值的一半。而第 t 期的产出量就完全不同了，它生产了产出指标可能达到的最大数值的 2 倍。那么生产率变化的数值大小等于 2 除以 0.5，其结果是 4。生产率的变动数值就是 400%。

(4) 将生产率进行分解。生产率变化可以看成是由很多种因素的变化共同引起的，分别计算能引起生产率变化的各种不同因素，这些所有因素的乘积就是生产率变化。这种方法对那些在文献中推荐的方法而言，讨论了所得到的生产率变化测量。我们称这种方法为基于成分的生产率变化测量方法。

我们现在逐一地讨论这四种方法，并且考察它们之间的关系，简要地说明提供的可用于实施其中的每一个方法的内容。在讨论这些方法时，我们要用到一个之前曾经提到的概念：全要素生产率。

2.2.2.1 该指数成立的前提

在测度全要素生产率时，其基本条件是必须要满足的。如果银行在两个不同的时期，分别是第 s 期和第 t 期，其各投入指标的使用量不变，而产出指标的量增多了，那么其 TFP 必须大于 1；如果产出指标的量减少了，那么其 TFP 必须小于 1；如果产出指标的量没有变化，那么其 TFP 必须等于 1。相反，假设其产出指标的量不变，如果投入指标的使用量增加了，那么其 TFP 小于 1；如果投入指标的使用量减少了，那么其 TFP 大于 1；如果投入指标的使用量不变，那么其 TFP 等于 1。

我们还看到：该指数关于产出向量 q 是 +1 次齐次的，关于投入向量 x 是 -1 次齐次的。

2.2.2.2 希克斯—穆尔斯廷 TFP（HM TFP）指数

这个指数表示的是测算产出增长和投入净增长的一个相当简单的 TFP 指数。这是我们在上面列出的四种方法中的第一个。这个方法需要先求出投入指标的指数和产出指标的指数，用产出指标的增长数值除以投入指标的增长数值就是该指数的大小。

如果已经知道了投入指标和产出指标的增长数值，那么这个指数也就得到了。有很多指数公式可以实现这一目的。这个指数也与基于利润率的指数以及 CCD 方法有不可分割的关系。

但是这个指数实际操作的话非常不容易，原因是各种投入指标和产出指标的增长率无法获得，所以该指数不被大部分学者所采用。另外，它也不能像之前介绍过的有关指数那样进行分解，我们弄不清楚到底是什么因素导致了生产率的变动。

2.2.2.3 基于利润率的 TFP 指数

如果我们知道各家银行在两个不同时期的收益和成本，我们还知道两个不同时期的投入指标和产出指标的使用量，至于价格数据，两个不同时期（第 s 期和第 t 期）的投入指标和产出指标的使用量或者产出量及其相对应的价格也知道了，此时的 TFP 也就很容易获得了。而从 t 时期到 s 时期的价格变化调整后的收入比值等于从 t 时期到 s 时期的价格变化调整前的收入比值（也就是时期 s 到时期 t 观测到的收益）除以产出价格指数；从 t 时期到 s 时期的价格变化调整后的成本比值等于从 t 时期到 s 时期的价格变化调整前的成本比值（也就是时期 s 到时期 t 观测到的成本）除以投入价格指数。于是 TFP 指数等于从 t 时期到 s 时期的价格变化调整后的收入比值除以从 t 时期到 s 时期的价格变化调整后的成本比值，最后将分子分母用调整前的数据与相对应的调整之后的数据（主要是指价格指数）互换就能够出来结果。

该指数看起来不错，但是它没有包含跟价格相关的诸多要素，因而也很少被采用。

2.2.2.4 Malmquist TFP 指数

Malmquist TFP 指数，首先是由 CCD 这几位学者所介绍。他们介绍了马氏 TFP 指数，也就是 Mlamquist 指数。该指数就是通过我们之前曾经介绍过的跟距离有关的函数给出。当然，这种函数有投入导向也有产出导向，根据选择导向的不同，最终的表达式或者说最终的计算结果也各不相同。

为了更好地说明这一指数，我们有必要先对导向问题做个简单的介绍。

（1）产出导向 TFP 指数。

该导向指数是假定每家银行各种投入指标的使用量不变，而产出指标的量是变化的。它可以利用产出距离函数来获得。为了清晰地阐述，我们可以定义第 s 期的 Malmquist 生产率指数，它等于两个第 s 期的产出距离函数的比值，其中分子投入向量 x 和产出向量 q 都是第 t 期的，分母的投入向量 x 与产出向量 q 都是第 s 期的。跟前面介绍的相似，我们仍然假定每家银行的各种投入指标的量不变，而产出指标的使用量是变化的。所不同的是，时期由原来的 s 期变成了 t 期，此时可以得出基于产出导向的指数大小，它等于两个第 t 期的产出距离函数的比值，其中分子的投入向量 x 和产出向量 q 都是第 t 期的，而分母的投入向量 x 和产出向量 q 都是第 s 期的。

不同时期的指数大小可以得到不同的数值，按照大多数人的习惯，我们通常取两者的几何平均值来测算。

我们注意到，该指数需要计算四个距离函数，我们下面的主要工作就是要算出跟这些函数有关的各个不同时期的技术。如果我们的数据非常有限，比如仅有观测到的时期 s 与时期 t 的投入产出数量，那么我们必须使用之前讨论过的指数方法。如果我们可以获得一些银行在时期 s 和时期 t 的横截面数据，我们就可以采用后面将介绍的数据包络分析方法，这也是本文使用的方法之一。

（2）投入导向 TFP 指数。

与前面介绍的类似，该导向指数是保持所有产出指标的数量不变，发生变化的是各家银行投入指标的使用量。仍然考虑两个不同的时期，时期 s 的投入导向马氏 TFP 生产率指数等于两个第 s 期的投入距离函数的比值，其中分子的投入向量 x 和产出向量 q 都是第 t 期的，分母的投入向量 x 和产出向量 q 都是第 s 期的；时期 t 的投入导向 Malmquist 生产率指数等于两个第 t 期的投入距离函数的比值，其中分子的投入向量 x 和产出向量 q 都是第 t 期的，分母的投入向量 x 和产出向量 q 都是第 s 期的。

与产出导向 TFP 指数类似，该导向指数仍然会得出两个不同时期的两个指数的不同数值。单独取其中之一仍然是不合适的，我们需要用两个时期作为参照，因此投入导向的马氏 TFP 指数也是第 s 期和第 t 期的两个 Malmquist 生产率指数的几何平均值。

如果我们希望计算 Malmquist TFP 指数，就需要计算出四个不同的距离。如果假定这家银行是技术有效的，那么其中的两个距离是 1，此时只需要计算两个不同的距离就可以。我们在计算马氏 TFP 指数时遇到一些困难，即为了计算这些指数，我们需要知道距离函数的函数形式以及有关参数的数值，或者等价地知道对潜在技术的刻画。这就需要银行层面关于时期 s 和时期 t 的投入产出数据，以及不必对所观测银行的技术效率做假设的前沿方法。

因为马氏 TFP 指数是目前测算 TFP 生产率最流行的方法，各种软件早已经将其编写为程序代码。因此，我们只讨论马氏 TFP 指数的一些解析性质。不过，马氏 TFP 指数的实证应用我们会在后面进行详细的探讨。

2.2.2.5　Malmquist TFP 指数与导向

我们有如下的结论，尽管马氏 TFP 指数可以给出各种数值，这取决于所利用的导向类型不同，我们在产出导向和投入导向方法下也会得到完全不一样的结果。但是，如果各家银行在第 s 期和第 t 期的技术具有 CRS 的性质，那么该指数的大小与选择什么样的导向没有关系。

2.2.2.6　马氏 TFP 与 HM TFP 指数

这两个指数是在完全不同的框架下定义的，但是当且仅当生产技术是反向相似的且显示出规模报酬不变时，这两个指数在数值上是一致的。

2.2.2.7 马氏 TFP 指数和技术无效

该指数在两个不同的时期技术都有效的话，有两个距离函数等于1。但是，假设银行是没有效率的，情况就完全不同了，此时该指数的生产率进步或者说是生产率变化可能还有其他因素所致，最重要的当然是技术进步或者说技术变化了。因此，该指数的大小等于各家银行效率进步或者效率变化与技术进步或者技术变化的乘积。

产出导向的马氏 TFP 指数是基于时期 s 和时期 t 技术的前面所讨论的时期 s 和时期 t 的马氏生产率指数的几何平均值。可以发现，大多数银行在运营中效率不等于1。因此，各种距离函数的大小也不能都等于1。当银行效率小于1的时候，产出导向的马氏 TFP 指数可以写成两部分的乘积。分别代表了技术进步（技术变化）和效率进步（效率变化）。

2.2.2.8 Malmquist TFP 指数与规模报酬的性质

由上面的讨论可知，马氏 TFP 指数可以获得生产率变化的两个重要来源，一是效率变化，二是技术变化。出现的问题是，是否还有其他没有被马氏 TFP 指数捕获的生产率增长来源。因而，带着这一问题，我们关注一下国际上比较权威的研究。例如：Fare 等研究 OECD（经济合作与发展组织）国家的生产率绩效时曾利用这种分解。但是没过多久，国内外众多的学者将生产率继续分解，还得到了影响生产率水平的其他因素。

首先，甚至在没有任何技术变化（在两个时期技术保持相同），而且所考虑的银行在两个时期均是技术有效的情况下，都有通过改进运作规模或者规模效率而改进生产率的余地。但是，在这种情况下，马氏 TFP 指数为1，表现出没有生产率增长。这意味着，该 TFP 指数没有捕获通过规模效率进步而取得的生产率进步。Grifell – Tatje 和 Lovell 在1999年提出一个广义的马氏生产率指数，此指数能捕获通过规模效率改进而取得的生产率增加。

另一个生产率进步的来源是银行通过开拓可能的范围经济的能力

获得的，这可以通过投入组合与产出组合的变动而得到。鲍克在2001年阐明，生产率变化可以经由产出组合变动，这可利用产出组合效应（OME）与投入组合效应（IME）来测算。在单投入与单产出的情况下，这些效应等于1。进一步来说，如果技术呈现为CRS，那么其效应还是等于1。

总之，如果技术呈现CRS，那么效率变化与技术变化是生产率变化仅有的两个来源，而且它们可由马氏TFP指数捕获到。然而，如果VRS技术更适合，那么马氏TFP指数无法捕获到出自各种不同来源的生产率改变。不过，把马氏TFP指数标准分解为技术变化与效率变化两个成分仍然是有效的。当我们讨论通过所有生产率增长来源的累积变化来测算生产率变化的策略时，将进一步详细阐述这个问题。

2.2.2.9　Malmquist TFP 指数和传递性

因为关于生产率变化的许多工作是建立在时间序列数据基础上，所以传递性问题不再是一个问题。对于连续年份生产率变化的测量，大多数的研究是令人满意的。然而，如果我们对计算横截面对象的生产率指数感兴趣，比如某个行业内的银行若干年的情况，或者是某个给定银行在若干年时间的情况，那么就必须确保结果的某种内在的一致性。

考察一种简单情况，我们测算从时期 t 到时期 $t+1$ 的生产率变化，然后再测算从时期 $t+1$ 到时期 $t+2$ 的生产率变化。这些生产率指数可以连接起来，从而产生时期 t 到时期 $t+2$ 的比较。这个指数会和我们直接比较 $t+2$ 与时期 t 所获得的结果一样吗？无论从分析角度还是从计算的观点来看，答案通常是否定的。即从时期 t 到时期 $t+2$ 的马氏TFP指数不等于从时期 t 到时期 $t+1$ 的马氏TFP指数与从时期 $t+1$ 到时期 $t+2$ 的马氏TFP指数的乘积。

这种可能存在的不一致性主要源于潜在生产技术的特性，这可从上面的分析看出。另外，在技术效率变化的测量中，第一个成分是可传递的。然而，第二个成分是不可传递的，除非技术变化随时间是中性的。在非中性技术变化中，产出（或投入）导向生产率指数取决于导出各种不同距离函数的生产技术。

当利用面板数据集时，问题就复杂了。鲍克和阿尔钦曾研究传递性问题，并为多边比较提出一个作为研究副产物的传递指数，又提供了对生产技术非中性的测量。

2.2.2.10 TFP 指数——通过生产率变化来测算

上面讨论的三种可选择的测算生产率变化的方法，利用了生产率变化的直观概念化体系，并且提供了可以实际实施的测算方法。一旦获得生产率变化的数值测量，就需对该测量做出解释。这个测量会表示纯技术变化，还是会表示捕获到的效率变化呢？这类测算生产率的方法被认为是自上而下的方法。在这种方法中，生产率变化的一些来源可能得不到适当的解释，在对结果的阐述上也有一些困难。

在此，我们描述一种可选择的生产率测算方法，该方法试图确定所有的生产率变化来源，然后构造全要素生产率增长的测量。这种方法被认为是自上而下的方法，它是从所有生产率增长可能来源的清单开始，然后审查测算每一个来源可能的最好办法，最后把它们合成起来推导生产率变化的测量。所得到的生产率变化的测量应该满足上述的基本性质，生产率变化测量一定是关于产出 +1 次齐次的、关于投入 -1 次齐次的。

鲍克识别出生产率增长的四个来源，所有这些来源都是容易理解的，而且可以看出是生产率变化的重要驱动因素。第一，最广泛考虑的是，生产率增长的来源是技术变化（TC），其源于生产技术的变化。银行生产率增长的第二个来源是效率改进，即该银行利用可利用的技术能力，这是效率变化（EC）。可以想象的是，每家银行都想提高生产率，要么在现有的技术条件下提高效率水平，即在保持产出指标不变的前提下节省投入指标的利用，或者在保持投入指标不变的前提下加大产量；要么在现有的效率水平下提升技术，但是技术往往是一个行业的问题，一家银行在技术上的创新会有很多瓶颈。还有一个因素，是由规模效率变化测量的规模效率改进。这个来源是指银行运营规模的改进和其运营朝向技术最优规模的移动。我们前面已经使用单投入

第2章 银行效率和生产率的相关理论及其测量方法

单产出的简单情况对这三个来源做了讨论。利用生产率变化的最初始方法——建立在基本技术表述基础上的方法,这些来源足以捕获生产率变化的所有来源。然而,在多产出与多投入的情况下,另外一种因素也能导致生产率变化,即产出混合效应(OME)和投入混合效应(IME),其测算在时期 s 与时期 t 上的产出和投入向量组成变化的效应。这是一个在文献中没有被广泛讨论的生产率来源,它提供产出混合效应(OME)或者投入混合效应(IME)的详细讨论,这形成了下述基于这种来源的 TFP 增长测算方法的基础。

除了已经用过的记号以外,我们引入与给定技术有关的锥技术概念。如果 S 表示生产技术,那么与 S 有关的锥技术记为 S_1,它可以定义为由 S 的所有元素构造出的最小锥。因此,S_1 是由穿过所有的可行投入产出组合 (x, q) 的射线集合。如果技术 S 呈现规模报酬不变,那么 $S_1 = S$。我们用 d_1 表示相对于一个锥技术测量的距离,用 d 表示相对于观测技术的距离。

我们现在关注于上面列出的 TFP 变化的四种来源中的每一个来源。我们注意到,这四个来源中的三个已经在前面研究过,而且,所提到的这些因素都能通过不同的导向视角来讨论。在接下来的讨论中,我们关注于 TFP 的产出导向测量。但是类似的,可以得到投入导向测量。

(1)技术变化。

银行的效率跟技术因素关系不大,而银行的生产率跟技术进步有莫大的关联。如果银行各项投入指标的使用量以及各项产出指标的产量都没有变化,那么,我们通过比较产出向量 q 在第 s 期和第 t 期的两个技术前沿上的径向投影来测算技术变化。TC 表示技术变化,是指第 t 期的产出距离函数与第 s 期的产出距离函数的比值,TC 的测量数值大于 1 就意味着有技术进步。

我们注意到,技术变化测量是 x 与 q 的选择函数。在实际中,最明显的选择是在时期 s 与时期 t 观测的投入和产出向量。这两个选择导致了技术变化的两种测量,而且难以主张使用这一个还是那一个。因此,通常取这两个测量的平均值。设定生产率变化是以比率形式测量的，因而，技术变化测度通常是利用这两个测量的几何平均值。这一定义和马氏 TFP 指数有关的技术变化测量相同。而测量中用到的所有距离函数都是相对于时期 s 与时期 t 的实际技术测量。

（2）技术效率变化。

我们回顾一下，来自一对观测的投入和产出的技术效率，按照产出导向，它利用与投入向量有关的观测产出向量，能沿着径向朝生产可能性集的前沿展开。因此，技术效率变化可以定义为第 t 期的产出距离函数与第 s 期的产出距离函数的比值，其中分子中的投入向量 x 和产出向量 q 都是第 t 期的，分母中的投入向量 x 和产出向量 q 都是第 s 期的。这个技术效率变化测量与构成马氏 TFP 指数的测量是相同的。我们再一次看到，所涉及的距离是针对于时期 s 与时期 t 所观测的生产技术来计算的。

（3）规模效率变化。

该效率不同于规模收益，是两个完全不同的概念。该效率的意思是，一家银行可以通过改变自身规模从而提升银行的竞争力。因此，一家给定银行的规模效率，就可以利用观测到的投入产出向量相对于规模报酬可变（VRS）前沿的产出距离，与由观测到的 VRS 技术生成的锥技术或者规模报酬不变（CRS）技术来测量。因而，在时期 t 的产出导向规模效率的测量定义为第 t 期的锥技术测量技术效率除以第 t 期的技术测量技术效率。这个规模效率测量是在给定投入产出组合 (x, q) 下基于时期 t 的技术进行的。该效率的数值不可能小于 0，也不可能大于 1。如果它等于 1，那么银行是规模有效的。

利用规模效率测量，我们把产出导向规模效率变化的测量定义为：相对于特定的产出向量 q，与第 s 期和第 t 期的投入向量 x 有关的规模效率测量的比值。如果这比率大于 1，我们一定可得出结论，第 t 期的投入向量 x 处于比第 s 期的投入向量更接近技术最优规模的点上，并且这个测量满足关于产出向量 q 的线性齐次性质。进一步地，由定义可知，这个测量显然只基于时期 t 的技术，因此它与任何技术变化效应无关。如果时期 t 的技术呈现整体规模报酬不变，那么上述定义中的规模效率变化恒等于 1。

▲ 第 2 章 银行效率和生产率的相关理论及其测量方法

该效率我们也会在实证过程中详细测度每个年度每家银行的数值，并且给出相应的规模报酬区间。

(4) 产出混合效应。

产出混合效应（OME）是一个新颖的概念，它是用来捕获产出向量（或者产出组合）对规模效率效应的。上述提到的规模效率变化定义在两个观测到的第 s 期和第 t 期的产出数量上，但它没有捕获到隐含于这两个向量中的产出混合变化效应。鲍克定义 OME 的一般性测量，定义时利用选定的技术，比方说时期 t 的技术与特定的投入向量 x，即第 t 期的 OME 等于两个第 t 期的产出导向规模效率的比值，其中分子与分母的规模效率分别在第 t 期和第 s 期的产出向量的方向上进行测算。这个比率体现出从第 s 期产出向量到第 t 期产出向量方向上的变化对规模效率的效应。因而，提供了产出混合对于规模效率效应的测量。

此产出混合效应测量，依赖于技术选择（时期 s 或者时期 t）与投入向量 x 的选择。给定在时期 s 和时期 t 之间的技术与投入向量选择，我们定义 OME 为两个所得到的测量的几何平均值，产出混合效应是生产率变化来源的最后一个。虽然描述过的三个来源直观上都是很清楚的，但是产出混合效应却有点复杂。它被用来捕获所考察时期的产出组合对规模效率变化的效应。

利用上述中用于定义 OME 的各种不同规模效率测量的性质，在单产出情况下，可以证明，产出混合效应等于 1。进一步地还容易看出，如果产出混合在时期 s 和时期 t 上保持相同，那么 OME 还是等于 1。

2.2.2.11 从生产率变化的各种来源测算 TFP

一旦我们从各种不同因素测度出生产率和生产率变化，我们就能把所有提到的成分合在一起测算时期 s 到时期 t 上的 TFP 变化，基于观测数据，我们可知：

TFP 变化 = 技术变化 × 技术效率变化 × 规模效率变化 × 混合产出效应

我们注意到，由 TFP 变化来源构造的测量具有下列重要性质：(1) TFP 变化可由四种不同的因素驱动。(2) 马氏 TFP 指数测量略微有点不完全，它只考虑源于技术变化和效率变化的 TFP 变化。

上面阐述的所有生产率变化来源也都可以用投入导向方法进行测算。实际上，产出导向人们很少使用，主要原因是投入指标是我们可以自由控制的，而产出指标相对来说要难得多。本文自然采用大多数学者习惯使用的方式进行效率测度。导向的选择取决于银行的管理者是否有径向扩张产出或者缩减投入的能力。我们会在下一节讨论导向选择的问题。

2.3 本文使用的模型和数据

2.3.1 *数据包络分析方法*

（1）规模收益不变的 DEA 模型。

因为投入导向的规模收益不变模型首先得到广泛应用，所以我们对 DEA 的讨论就从对 CRS 模型的描述开始。

首先，我们定义一些记号。假设有 L 个银行，这里的 L 是有限的，因为银行的个数是有限的。每家银行有 N 种投入，如果 N 等于 1，说明是单投入问题；每家银行有 M 种产出，如果 M 等于 1，就是单产出问题。第 i 家银行的投入是个列向量，包含了很多投入指标，用 xi 表示；第 i 家银行的产出也是个列向量，包含了很多产出指标，用 qi 表示。因此，所有银行的投入指标和产出指标都构成一个矩阵。矩阵里面代表了所有银行不同投入和不同产出的指标数据。

对于每家银行来说，产出的大小等于 $u'qi$，投入的大小等于 $v'xi$，其比值很容易获得。很显然，这里的产出和投入的加权也都是一个向量，其向量的维数跟投入产出向量的维数相同。现在的关键问题就是如何求解方程使得权数达到最优。具体方程如下：

$$\max_{u,v} \ (u'qi/v'xi)$$
$$st \quad u'qj/v'xj \leq 1, \quad j=1, 2, \cdots, L$$
$$u, v \geq 0 \qquad\qquad (1)$$

当然，这需要求出 u 的值与 v 的值，而每家银行的效率值不能大于 1，因此上述方程也必须满足此条件。从而使得第 i 家银行具有最大效率值。但是上述方程的解不是唯一的。为了得到方程的唯一解，我们把 $v\acute{}xi=1$ 施加到（1）式中，于是线性规划（LP）问题就变成

$$\max_{u,v} \ (u\acute{}qi/v\acute{}xi)$$
$$st \quad v\acute{}xi=1$$
$$u\acute{}qj/v\acute{}xj \leqslant 1, \quad j=1,2,\cdots,L$$
$$u,v \geqslant 0 \qquad (2)$$

这个方程计算比较复杂，其经济意义也不是很明显，因此很多学者采用其对偶方程进行求解，得到以下方程：

$$\min_{\theta,\lambda} \theta$$
$$st \quad -qi+Q\lambda \geqslant 0$$
$$\theta_{xi}-X\lambda \geqslant 0$$
$$\lambda \geqslant 0 \qquad (3)$$

很显然，这里 θ 是一个标量，λ 是一个列向量，其维数是 L 维的，每一个分量都是常数。此 LP 比（2）稍微少一些约束，这也是我们比较喜欢的求解形式。由此得到的 θ 值是第 i 个银行的效率值。θ 满足小于或者等于 1，若某一个银行的 θ 值等于 1，表示该家银行位于前沿面上，此银行就是技术有效的。若有 L 个银行，就需要求 L 次 LP 问题，即对每一个银行都求解一次 LP 问题。这样便能获得每个银行的 θ 值。

（2）规模收益可变的 DEA 模型。

CRS 的假设适应于所有的银行都以最优规模运营。可是让每家银行都能在此规模下运营是非常困难的，或者说是难以实现的。因此，CRS 假设受到了很大的局限性。为了弥补这种缺陷，从而引入了规模收益可变模型。

为了弄清楚 VRS，我们把凸性约束条件 $L1'\lambda=1$ 添加到（3）式中，这样便完成了对原来 CRS 线性规划问题的修改，新的 LP 问题变成：

$$\min_{\theta,\lambda} \theta$$
$$st \quad -qi+Q\lambda \geqslant 0$$
$$\theta_{xi}-X\lambda \geqslant 0$$

$$L1\lambda = 1\lambda \geqslant 0 \qquad (4)$$

这个方程里同样出现了很多向量，其表示的意义跟前面相同，这里不再重复。

(3) 规模效率（SE）和纯技术效率（VRS TE）。

通过计算 CRS 和 VRS DEA，我们可以得到每个银行的各种效率值。前面已经提过，用 CRS 除以 VRS 就能得到 SE。如果某一家银行的 CRS 和 VRS 不相等，说明银行的规模不是最优的，应该扩大或者缩小，具体要看该家银行所处的规模区间到底是递减还是递增。

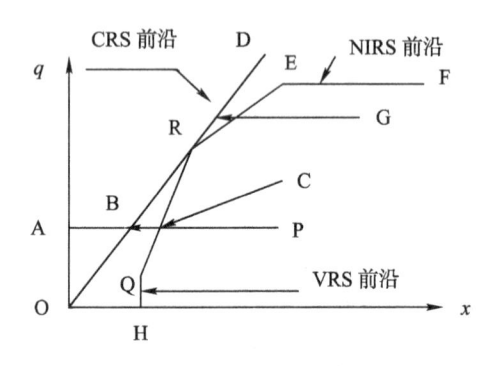

图1 DEA 中规模效率与纯技术效率计算

如图1所示，我们利用一个单投入、单产出的例子来说明规模效率和纯技术效率的计算。图中绘出了 CRS 和 VRS 两种 DEA 模型的前沿面，其中直线 OD 表示 CRS 前沿，折线 HQREF 表示 VRS 前沿。在 CRS 中，P 点代表该家银行有一定的无效性，其长度等于 PB，当时在 VRS 中，其长度等于 PC。两者之间的差值就是规模无效的数值。

以上的各种关系可以用比率效率来测量，具体如下：

CRS TE = AB/AP

VRS TE = AC/AP

SE = AB/AC

AB/AP =（AC/AP）×（AB/AC）

因此 CRS TE = VRS TE × SE

所以，CRS 技术效率可以表示成纯技术效率与规模效率的乘积。规模效率可以看成在 C 点银行的平均产品与在最优规模（R 点）银行

第 2 章 银行效率和生产率的相关理论及其测量方法

的平均产品的比率。

(4) 规模收益的特性。

上述规模效率测度有一个不足之处,即该效率值并没有说明该银行处于规模效率上升区域还是规模效率下降区域。此问题也很容易解决,因为只是条件不同而已。只需要用 $L1'\lambda \leq 1$ 代替(4)式中的约束条件 $L1'\lambda = 1$ 即可,这样得到下述 LP 问题:

$$\min_{\theta,\lambda}$$
$$st \quad -qi + Q\lambda \geq 0$$
$$\theta_{xi} + X\lambda \geq 0$$
$$L1\lambda \leq 1 \lambda \geq 0 \qquad (5)$$

图 1 也同时画出了 NRIS DEA 前沿,折线 OREF 表示 NRIS DEA 前沿,对于某一指定的银行来讲,规模递增还是递减可以通过判断 NIRS 技术效率和 VRS 技术效率是否相等来确定。如果这两个值不相等,如图 1 中的 P 点,说明该家银行处于规模报酬上升区域,其规模无效率是因为银行规模小,可以通过扩大银行的规模来提升效率;如果这两个值相等,如图 1 中的 G 点,说明该家银行处于规模报酬递减区域,其规模无效率是因为银行规模大,可以通过缩小银行的规模来提升效率。

(5) 投入和产出导向问题。

在导向问题的选择上,原则来说都可以。但是因为投入指标比较符合人们的正常思维,因此,大部分研究者也是这样选择的。值得强调的是,对于 CRS DEA,投入导向 DEA 模型和产出导向 DEA 模型所测度的值是相等的,但是对于 VRS DEA,这两种导向模型所测度的效率值是有差异的。假设 LP 问题不存在类似连理方程这种偏倚性的统计问题,不管选择投入导向还是选择产出导向都对结果影响不大。通过大量的实证结果分析,特别是测度银行效率,研究者更倾向于选择投入导向的 DEA 模型,原因在于产出变量往往是银行决策者所不能控制的,而投入变量却是银行决策者可以控制的变量。

一个非常重要的结论:利用投入导向的 DEA 模型和利用产出导向的 DEA 模型会估计出完全相同的前沿,所以两种模型都能判别相同的有效银行；只有当测度无效银行效率的时候，两种模型的测度结果才会出现差异。

2.3.2 超效率DEA方法[①]

如前文所述，本文使用的是投入导向。在测度银行效率时，产出变量往往是银行决策者不能控制的，而投入变量却是银行决策者可以控制的变量。所以本文选取大部分研究者所倾向的投入导向型DEA模型。

（1）规模收益不变的超效率DEA模型。

假设有L个银行，每家银行的投入指标和产出指标与前述定义相同。这里也不再重复。

超效率DEA实际上是传统DEA的修正模型。由于每个银行不能与自己比较，因而得到的效率值可能大于1。为了计算第i个银行的超效率，第i个银行的数据要从矩阵$N \times LX$与矩阵$M \times LQ$中移除，从而投入矩阵和产出矩阵变成$N \times (L-1)$和$M \times (L-1)$矩阵。因此，对于上述的LP方程，第i家银行被排除在了方程之外。如果第i家银行在传统DEA模型中处于有效前沿面上，即效率值等于1，那么此时第i家银行的效率值就不好说了，有可能也刚好等于1，但是这种可能性比较小，除非该银行处在直线段上，大多数情况下，其银行效率值会大于1。对每家银行而言，自身都被排除在了LP方程的外面，因此原先的L家银行的个数要减少1。实际上，超效率DEA的LP问题只比传统DEA的LP问题多了一个约束条件，即$j \neq i$。

因此，投入导向型超效率DEA模型的LP问题如下：

$$\min_{\theta, \lambda_j} \theta$$

$$st \quad -q_i + \sum_{\substack{j=1 \\ j \neq i}}^{L} q_j \lambda_j \geq 0$$

$$\theta x_i - \sum_{\substack{j=1 \\ j \neq i}}^{L} x_{ji} \lambda_j \geq 0$$

$$\lambda_j \geq 0, \quad j = 1, 2, \cdots L \tag{1}$$

[①] 为了弥补传统DEA方法无法测度处于技术前沿面的银行而发展过来的。

这里 θ 表示标量，λ 表示一个 $L\times 1$ 的常数向量。由此得到的 θ 值是第 i 个银行的超效率值。若有 L 个银行，就需要求 L 次 LP 问题，即对每一个银行都求解一次 LP 问题。这样便能获得每个银行的 θ 值。

（2）规模收益可变的超效率 DEA 模型。

在传统 DEA 模型中，VRS 相比于 CRS 已经介绍得很清楚了。那么在超效率模型中，其有关结论与之非常类似，这里不再赘述。

为了弄清楚 VRS，我们把凸性约束条件 $L1'\lambda=1$（$j\neq i$）添加到（1）式中，这样便完成了对原来 CRS 线性规划问题的修改，与 CRS 类似，超效率 DEA 的 LP 问题只比传统 DEA 的 LP 问题多了一个约束条件，即 $j\neq i$。新的 LP 问题变成：

$$\min_{\theta,\lambda_j}\theta$$

$$st \quad -q_i+\sum_{\substack{j=1\\j\neq i}}^{L}q_j\lambda_j\geq 0$$

$$\theta x_i-\sum_{\substack{j=1\\j\neq i}}^{L}x_{ji}\lambda_j\geq 0$$

$$\sum_{\substack{j=1\\j\neq i}}^{L}\lambda_j=1$$

$$\lambda_j\geq 0,\ j=1,2,\cdots L \tag{2}$$

这里同样也出现了很多向量，其意义跟之前的也完全相同，也不再重复了。我们会在具体的实证中看到其相同之处。

（3）规模效率和纯技术效率。

我们又一次看到了测度银行效率时各种效率之间的关系式。无论是哪种情况，传统 DEA 和超效率 DEA 计算规模效率的方法都是相同的，公式如下：

$$CRS\ TE = VRS\ TE \times SE \tag{3}$$

其中，CRS TE 表示传统 DEA（或超效率 DEA）的技术效率（综合效率），VRS TE 表示传统 DEA（或超效率 DEA）的纯技术效率，SE 表示规模效率。

2.3.3 Malmquist 指数

如果前一个时期是 s，后一个时期是 t，我们目前处在第 t 期，则该指数的表达式如（4）所示：

$$m_o^t(q_s, x_s, q_t, x_t) = \frac{d_o^t(q_t, x_t)}{d_o^t(q_s, x_s)} \quad (4)$$

与（4）中相同的假设条件，只是我们现在处在第 s 期，那么该指数的表达式如（5）所示：

$$m_o^s(q_s, x_s, q_t, x_t) = \frac{d_o^s(q_t, x_t)}{d_o^s(q_s, x_s)} \quad (5)$$

该指数的数值有可能比 1 大，有可能比 1 小，也可能刚好等于 1。如果其数值比 1 大，说明生产率比以前有了提高；如果比 1 小，说明生产率比以前降低了；如果刚好等于 1，说明生产率没有发生变动。但是生产率没有发生变动不代表两期的各种影响要素完全相同，有可能是一种影响因素增长了，另一种影响因素降低了，并且所有影响因素增长和降低的幅度必然相等。

如果技术是产出中性的，从理论上讲两者的数值应该是相等的，不排除误差的影响。但是，如果技术不是中性的，两者的数值大多数情况都是有差别的。为了削弱这种差别，我们跟研究银行效率时的做法一样，取两者的几何平均值作为最终的生产率测度结果。公式如（6）所示：

$$m_o(q_s, x_s, q_t, x_t) = \left[\frac{d_o^s(q_t, x_t)}{d_o^s(q_s, x_s)} \times \frac{d_o^t(q_t, x_t)}{d_o^t(q_s, x_s)}\right]^{1/2} \quad (6)$$

将（6）式重新整理得：

$$m_o(q_s, x_s, q_t, x_t) = \frac{d_o^t(q_t, x_t)}{d_o^s(q_s, x_s)} \times \left[\frac{d_o^s(q_t, x_t)}{d_o^t(q_t, x_t)} \times \frac{d_o^s(q_s, x_s)}{d_o^t(q_s, x_s)}\right]^{1/2}$$

$$(7)$$

由（7）式可以看出，首先，通过计算 VRS 以及 SE，就可以得到 CRS 的值，这个我们以前多次提到过，然后通过得到的 CRS，再计算技术进步的比率，就可以计算出马氏 TFP 指数的具体数值。

其相应的 VRS 和 SE 的计算公式如（8）式和（9）式：

$$纯技术效率变化 = \frac{d_{ov}^t(q_t, x_t)}{d_{ov}^s(q_s, x_s)} \quad (8)$$

第2章 银行效率和生产率的相关理论及其测量方法

$$规模效率变化 = \left[\frac{d_{ov}^t(q_t, x_t)/d_{oc}^t(q_t, x_t)}{d_{ov}^t(q_s, x_s)/d_{oc}^t(q_s, x_s)} \times \frac{d_{ov}^s(q_t, x_t)/d_{oc}^s(q_t, x_t)}{d_{ov}^s(q_s, x_s)/d_{oc}^s(q_s, x_s)} \right]^{1/2} \quad (9)$$

指数中各种符号的含义跟前面相同，只有下标的区别。公式中的下标 v 表示 VRS，公式中的下标 c 表示 CRS。

2.3.4 银行分类和数据

（1）银行分类。

本文选取的这 20 家商业银行，包含了我国四大国有商业银行、13 家股份制商业银行以及 3 家上市城商行。具体银行名称在各大网站和《中国金融年鉴》上都很详细，这里不再介绍。后面实证分析的时候也会具体说明。

（2）本文使用的数据。

本文选取了 2008—2015 年间上述 20 家我国主要商业银行的数据，包括利息支出、营业支出、员工人数、机构数、固定资产净值、利息净收入、非利息（净）收入、总贷款和净贷款。所有数据都来自各大商业《银行年报》和《金融年报》，数据完整，没有做过任何处理，尤其是没有像其他研究者因为缺失数据而使用插值法。

2.4 本章小结

在本章中，我们提供支撑效率和生产率测量概念框架的概括性观点。主要目的是提供本文所涉及的概念以及与本文概念相关的概念解释，因此，对解释的严谨性做了必要的淡化。我们已经涵盖集中描述效率和生产率测量的两个重要概念群。首先，我们描述研究生产技术的集合论方法，这不同于研究生产技术所利用的生产函数和变换函数。集合论方法在定义和确定投入、产出距离函数的性质时是有用的。我们描述了几个效率测量，即技术效率、配置效率、经济效率以及规模效率的测量。运用这种框架，我们着手研究测量银行间生产率水平差异和跨时生产率变化问题。我们阐述基于 HM TFP 方法、利润率方法、

Malmquist 生产率测量方法，还有最后基于成分方法等一系列的全要素生产率（TFP）测量，并强调它们之间的相互关系。

这些方法究竟应该使用哪一个是我们需要考虑的，下面我们简单说明一下在这个问题的决策过程中要考虑的一些要点。

（1）对方法类型的选择应该取决于测算生产率水平和生产率变化的目的。例如，如果只要求生产率变化概要性的测量而不需要识别它们的来源，那么我们建议利用 HM TFP 方法或者基于锥技术的 Malmquist 生产率指数。如果更适合商业导向方法，我们提倡利用利润率变化来测算生产率变化。

（2）所选择的生产率水平和 TFP 增长的实际测量，应该是可以证实的，即能获得正确类型的数据以实施所选择的测量。假定我们选择利用与锥技术有关的 Malmquist 测算 TFP 的变化。为了要获得这一测量，应该获得大量银行在所考虑时期的面板数据集。这就意味着需要银行层面投入产出量，数据应该大到足以提供对潜在技术一个很好的描述。但是，如果只获得一家银行随时间变化的数据，那么基于锥技术的方法就不可行。在这种情况下，只有 HM TFP 指数是可行的。类似的，如果不能获得可靠的价格数据，就不能得出配置效率或者经济效率的测量。缺少价格数据，效率和生产率测量必然局限于对技术效率、规模效率以及技术变化进行的测算。

（3）存在与规模问题无关的案例。在这种情况下，可能假定生产技术呈现规模报酬不变。当进行生产率的国际比较研究时，就是这样的情况。就土地、人口和自然资源的规模而言，由于国家的禀赋是给定的，而且它们的规模不是可自行决定的变量。这就适宜于利用 CRS 技术假设。在这种情况下，Malmquist 指数就足够了，因为它与基于来源的 TFP 增长测量获得的指数是一致的。

最后，假定 CRS 技术是可以保持的假设，如果可以利用面板数据，我们建议采用马氏 TFP 指数。如果只能利用有限的数据，一般而言，HM TFP 方法或者指数方法是最好的选择。在 CRS 假设下，指数方法提供对 TFP 变化的测量接近于马氏 TFP 指数提供的测量。如果技术呈现规模报酬可变，我们可以使用基于成分的方法对生产率进行测量，它不需要导出 TFP 变化的分解。由于本文选用的数据是 2008—2015 年 20 家银行的面板数据，所以采用马氏 TFP 方法来测算银行的生产率。

第3章 我国商业银行效率测度出现差异性原因分析

3.1 引 言

本文主要利用前沿函数阐述用于测算银行层面无效率的一些技术。在过去的很多年里，人们曾利用各种不同的方法估计前沿函数，虽然一些研究者提倡用数学规划方法解决这类问题，但是研究该方法的作者很少。直到1978年，国外的三位学者首次提出这一概念，并且首先在国外得到了比较大的应用。而国内出现大量有关 DEA 方法论的学术论文是在大约10多年前。

上一章中，我们已经具体讨论了数据包络分析的方法论，它是利用一组投入指标和一组产出指标对银行效率进行测度和分析的方法。因此，不同的投入指标和不同的产出指标会对效率产生不同的影响。我们自然希望在测度银行效率时，可以使用所有影响银行效率的投入指标和产出指标。遗憾的是，当投入指标和产出指标过多，而银行的数量有限（DMU 个数）时，会有很多银行出现在效率前沿面，也就是效率值等于1的情况，这样无法进行银行间的效率比较。尤其是国内有关这方面的研究，鉴于国内银行的具体性，能充分代表我国商业银行主要特征的银行数量并不多。10多年前，除了四大国有商业银行以外，只有不到10家的股份制商业银行，城市商业银行才刚刚起步，上市城商行更是凤毛麟角。就算在股份制改造基本完成的今天，也只有四大国有商业银行、13家股份制商业银行和三家上市城商行。尽管张健华曾经利用中央人民银行的数据对我国百家小规模的城市商业银行进行效率测度，但是这些小城商行在我国整个银行系统中确实微不足道，没有任何的实力跟四大国有商业银行和股份制商业银行相抗衡。

因此，能够体现我国商业银行主要特征的银行数量只有20家左右。而银行的数量（DMU个数）大大限制了可以使用的投入指标和产出指标的个数。根据国外研究者们提出的规则，投入指标和产出指标个数与银行的数量（DMU个数）应该满足关系式：$x \geq 3(m+n)$，其中，x表示银行的数量，即决策单元（DMU）的数量；m表示投入指标的个数；n表示产出指标的个数。换句话说，银行的数量应该不少于投入指标和产出指标个数的总和。按照我国可以充分利用的商业银行个数（20个）来算，投入指标和产出指标的总和最多不能超过6个，平均只能使用3个投入指标和3个产出指标。后来，国内的一些学者受限于投入指标和产出指标的选择，把规则改成$x \geq 2(m+n)$，这实在不是明智之举，他们以牺牲更多的银行出现在效率前沿面为代价换取了投入指标和产出指标的增加，而且尽管如此，还是不能使用所有的投入和产出指标。

由此可见，选择不同的投入和产出指标才是不同研究者在测度银行效率时出现很大差异的根本原因。如果某一家银行的某一种投入相对于其他银行来说所占比例过大，那么这种投入要素就会大大地降低该家银行的效率以及生产率。此时，如果再使用与该种投入要素具有密切正相关关系的一种或者多种投入要素进行银行效率测度，那么结果非常不容乐观，最后测度出来的效率会远远低于该银行效率应该有的水平。相反，如果某一家银行的某一种投入相对于其他银行来说所占的比例过小，那么这种投入要素就会大大地提高该家银行的效率以及生产率。此时，如果再使用与该种投入要素具有密切正相关关系的一种或者多种投入要素进行效率测度，那么结果也是非常不理想的，最后测度出来的效率会远远高于该银行效率应该有的水平。对于产出指标来说，具有与投入要素相似的结论。如果某一家银行的某一种产出相对于其他银行来说所占比例过大，那么这种产出要素就会大大地提高该家银行的效率以及生产率。此时，如果再使用与该种产出要素具有密切正相关关系的一种或者多种产出要素进行银行效率测度，那么最后测度出来的效率会远远高于该银行效率应该有的水平。相反，如果某一家银行的某一种产出相对于其他银行来说所占比例过小,那么这种产出要素就会大大地降低该家银行的效率以及生产率。此时,如果再使用与该种产出要素具有密切正相关关系的一种或者多种产出要素进行银行效率测度,那么最后测度出来的效率会远远低于该家银行效率应有的水平。不管哪种情况出现,效率都是不准确的。而且现在的有关测度银行效率的文章几乎都没有考虑银行各种投入要素和产出要素之间的相关关系。虽然有少部分文章试图利用主成分分析或者典型相关分析等方法试图提出各种投入要素和产出要素的主成分,从而避免各个主成分之间的相关性,但是结果都是非常不理想的,因为主成分只表明了与原有指标的相关性,但是与原有指标密切相关的各种投入和产出数据很难提取。

鉴于这种现状,国内的大部分研究选择两三种投入指标和两三种产出指标进行效率测度和对比。这就出现了效率差异,而且这种差异有时候会很大,甚至可能得出完全相反的结论。本章首先列举了两个简单的数值例子来体现投入指标的变动对效率的具体影响,然后针对我国的具体情况分析了员工人数和机构数这两种投入指标对银行效率决定性的影响,最后选择了三组不同的投入和产出指标分别代表了银行不同的能力。

3.2 不同研究者对我国商业银行效率测度出现差异性原因分析

很多研究者对我国商业银行进行了效率测度,他们选取的样本虽然不尽相同,但是大体上差不多。大部分是四大国有商业银行、各大股份制商业银行以及各大上市银行,个别研究者加入了小的城市商业银行。这些样本跟本文选取的样本一致。尽管如此,不同研究者对我国商业银行效率测度的结果还是出现了很大差异,这表示银行效率测度出现很多差异的根本性原因不是选择的样本。那么到底是什么原因导致了测度的银行效率出现如此大的差异呢?为了弄清这一问题,我们从两个简单的数值例子出发进行探讨。

3.2.1 两个简单的数值例子

前面曾经提过，不同研究者在研究我国商业银行效率的时候，其结果存在很大差异，出现差异的原因跟投入要素和产出要素有很大关系。为了更好地说明这一问题，我们先举两个简单的数值例子。具体数据如表1所示。

首先说明员工人数对银行效率的影响。我们选取了盈利能力模型2014年的数据。在此模型下，2014年四大国有商业银行的平均效率等于1，明显高于三家上市城市商业银行的平均效率0.93，而三家上市城商行的效率又明显高于13家股份制商业银行的平均效率0.87；如果我们保持产出指标不变，仅仅将投入要素中的利息支出替换成员工人数，重新测度银行效率，不难发现三类银行的效率基本相等。这说明，员工人数降低了我国四大国有商业银行的效率，一定程度上反映了其人员过多问题。

表1 测度银行效率出现差异的原因举例

模型	数据年份	投入要素	产出要素	平均效率 四大国有商业银行	13家股份制银行	3家上市城商行
盈利能力模型	2014	利息支出、营业支出	利息净收入、非利息（净）收入	1.00	0.87	0.93
员工人数影响	2014	员工人数、营业支出	利息净收入、非利息（净）收入	0.92	0.90	0.90
固定资产（机构数）影响	2008	利息支出、营业支出、固定资产净值	总贷款、非利息（净）收入	0.88	0.88	0.95
员工人数和机构数同时影响	2008	员工人数、营业支出、固定资产净值	总贷款、非利息（净）收入	0.74	0.88	0.92

资料来源：根据《银行年报》（2008—2015年）计算得到。

其次说明机构数和员工人数的共同影响。我们选取跟机构数密切相关的投入要素固定资产净值，这点跟张健华测度银行效率时用的投入要素一致；另外两种投入要素跟盈利能力模型的投入要素一致。选取的产出要素为总贷款和非利息（净）收入，并且使用2008年的银行数据。实证结果显示，2008年四大国有商业银行和13家股份制商业银行的平均效率都是0.88，而3家上市城商行的效率最高。由于固定资产的投入，我国四大国有商业银行的效率相对低了很多。我们仍然保持产出指标不变，仅仅将投入要素中的利息支出替换成员工人数，重新测度每家银行的效率，不难发现三家上市城商行的效率略高于13家股份制商业银行，而此时四大国有商业银行的效率只有0.74，远远低于另外两类商业银行的效率。可见，固定资产净值（机构数的近似替代）和员工人数大大降低了四大国有商业银行的效率，从一定程度上反映了我国四大国有商业银行的机构臃肿和人员过多问题。

需要说明的是，影响银行效率的不只有员工人数和机构数。不同的投入和产出指标或多或少地对银行效率产生影响，只是大小不同而已。但是通过大量的总结我们发现，员工人数和机构数恰恰是对银行效率影响最大的两个指标，四大国有商业银行的员工人数和机构数所占的比例明显超过其他类型的商业银行，这也造成了四大国有商业银行和股份制商业银行以及各城市商业银行效率上的不同。因此，我们得出下面一个简单的经验结论。

3.2.2 银行效率测度出现差异性的一般结论

一般情况下，若投入要素不包含机构数和员工人数（或者是跟这两种投入要素具有密切正相关关系的其他投入要素），四大国有商业银行的效率是最高的；若只包含其中的一种投入要素，四大国有商业银行的效率跟股份制商业银行相差不大；若同时包含这两种投入要素，四大国有商业银行的效率是最低的。这就是不同研究者测度银行效率出现差异的原因所在，充分说明了我国四大国有商业银行人员过多和机构臃肿性问题。

3.3 选择不同的投入产出指标对测度我国商业银行效率的影响

从上述两个简单的数值例子我们可以看出，选择不同的投入产出指标对银行效率进行测度时，就算选定的银行样本完全相同，最终也会导致完全不同的效率，有时候，这种测度出来的效率还会相差很大。

到目前为止，尽管许多研究者对我国不同年份的商业银行效率进行了测度，但是，大部分研究者在测度银行效率时都选择单一的投入产出指标，从而得出不同类型银行效率之间的比较结果。这样做不能说完全不对，毕竟它一定程度上代表了银行的效率；或者更准确一点说，这种测度的结果反映了银行某一方面的效率，有可能是盈利能力，有可能是扩张能力，等等。不管如何，我们至少可以说，这样选择单一的投入产出指标测度银行效率不是很恰当，因为它只代表了银行某一方面的能力是否优秀。比如，如果选择代表银行盈利能力方面的各种投入和产出指标，测度出的某一家银行效率高，说明该银行在盈利能力方面非常突出；测度出的某一家银行效率低，说明该银行在盈利能力方面弱。但是，某一家银行在盈利能力方面进行测度时效率高，不代表其他方面效率也高；某一家银行在盈利能力方面进行测度时效率低，不代表其他方面效率也低。换句话说，某家银行有非常高的盈利能力，不代表它在业务扩张方面就一定突出；某家银行有非常低的盈利能力，也不代表它在业务扩张方面就一定不行。因此，选择不同的投入产出指标分别对银行进行测度是非常有必要的。当然，我们不可能穷尽所有的投入产出指标，只能选择对银行非常重要的方面来选择几组投入产出指标对银行效率进行分析。本文选取了三组不同的投入产出指标，每组投入产出指标代表了一个模型，从而反映了银行三种不同的能力，分别是盈利能力，业务扩张能力，以及员工和机构的创利能力。

3.3.1 三组不同的投入产出指标[①]（三个反映银行不同能力的模型）

投入和产出指标的选择方法主要是生产法和中介法，本文采用大部分研究者选用的方法即中介法，采用了三组不同的投入和产出要素，分别代表了银行的盈利能力、业务扩张能力以及人员和机构创造收益的能力。选取了20家我国主要银行的投入和产出数据，期间是2008—2015年。

（1）银行盈利能力模型。

最能反映银行盈利能力的变量无非是跟钱有直接关系的，所以我们选取利息支出、营业支出作为投入指标，选取利息净收入、非利息（净）收入作为产出指标。

（2）银行业务扩张能力模型。

银行的固定资产净值对银行的业务扩张有直接影响，所以我们选取利息支出、营业支出、固定资产净值作为投入指标；利息净收入跟银行的业务扩张能力关系不大，从产出指标中剔除，另外，总贷款是反映银行扩张能力的一个很重要的指标，所以我们选取总贷款、非利息（净）收入作为产出指标。

（3）人力资源模型。

此模型是为了反映银行现有的员工和机构创造收益的能力，因此我们将盈利能力模型中的投入要素换成员工人数和机构人数，产出要素不变。即选取员工人数和机构人数作为投入指标，选取利息净收入、非利息（净）收入作为产出指标。

3.3.2 投入产出指标的含义

（1）利息支出是指跟存款等付息资产有关的总投入；（2）营业支出是指跟银行营业活动有关的支出，主要由三部分组成：营业税金及附加、业务及管理费、资产减值损失；（3）员工人数是指银行的所有

---

① 使用不同的投入产出指标对相同的银行进行效率测度其结果可能完全不同，本文使用三组有代表性的投入产出指标来说明其对效率的不同影响。

从业人员，包括劳务派遣工；(4) 机构数是指每家银行的分支机构总和；(5) 固定资产净值是指固定资产的账面价值，是固定资产扣除累计折旧后的剩余部分；(6) 利息净收入等于利息收入减利息支出；(7) 非利息（净）收入，此处打上括号是因为各家银行财务报表上的名称不同，有的银行称非利息收入，如工商银行，有的银行称非利息净收入，如浦发银行，但是它的计算方法都是一样的，就是营业收入减去利息净收入；(8) 总贷款是指财务报表上的客户贷款及垫款总额；(9) 净贷款是指总贷款扣除不良贷款的剩余部分。

另外，本节对于各种不同的投入产出指标对测度银行效率的影响只是介绍性的，因为本文在后续章节会根据选取的这三组不同的投入产出指标，或者说三个不同的模型分别对银行效率进行具体测度，也会得出完全不同的结果。总之表明一点，就是不同的投入产出指标对测度银行效率起着关键性的作用。

3.4 本章小结

本章主要阐述了众多研究者采用相同的方法（数据包络分析方法）对银行效率进行测度，最后测度的效率出现差异的原因。考虑到我国的实际情况，发现员工人数和机构数这两种投入指标对银行效率起着至关重要的作用。一般情况下，这两种投入要素（或者是这两种投入要素的替代品）都包含，四大国有商业银行的效率远远低于其他商业银行；这两种投入要素只包含其一，则四大国有商业银行的效率跟股份制银行差别不大；这两种投入要素都不包含，则四大国有商业银行的效率明显高于其他银行。最后选择了三种不同的投入指标和产出指标分别代表了三个不同的模型，同时也代表了银行的不同能力。这三个模型也是后续章节进行银行效率分析和对比的重要依据。

第4章　三组不同投入产出指标对我国商业银行效率影响实证研究

4.1　引言

2008年以来，中国银行业经历了很多重大变革。2009年1月，中国农业银行股份有限公司成立，标志着我国大型商业银行股份制改革进入最后阶段。2010年12月，重庆农村商业银行在香港上市，成为国内首家公开上市的农村中小金融机构。2011年11月，金融稳定理事会宣布全球首批29家系统重要性金融机构名单，中国银行成为中国乃至新兴经济体国家和地区唯一入选银行。2013年11月，中国工商银行入选全球系统重要性银行名单。自此，我国四大国有商业银行不再由政府完全控制，各大商业银行纷纷裁员，削减不必要的分支机构，努力提高银行的效率。另外，以招商银行为典型的各大股份制商业银行凭借自身优势迅速发展，让四大国有商业银行面临强有力的挑战。2014年10月20日，招行董事长李建红表示，虽然已是混合所有制银行，但该行体制还有进一步完善的空间。同时，我国利率市场化的进程也在不断推进。自2013年7月20日起全面放开金融机构贷款利率管制；取消金融机构贷款利率0.7倍的下限，由金融机构根据商业原则自主确定贷款利率水平。由于银行盈利的主要来源是利息差，随着2015年存款利率上限的不断调整甚至可能取消，银行在利息差方面将承受着巨大的压力。

根据国际经验的观察，在实行利率市场化之后，商业银行将调整经营结构，非利息收入占比将大幅度提升。目前国内商业银行正处于利率市场化进程中，非利息收入上升情形已经显现，但是不同类型商业银行之间存在差异性，股份制银行的调整步伐明显更快。利率市场

▲ 第4章 三组不同投入产出指标对我国商业银行效率影响实证研究

化推动银行业务转型和升级,也推动了银行之间更大的竞争,利率市场化几乎确定性地挤压了银行存贷差的利润空间,有利于银行差异化的出现。现在国内的银行普遍业务模式比较简单,主要收入还是依赖于存贷差。利率市场化后,这么多的银行不可能还是就靠这一块吃饭,需要拓宽思路,争夺更细分的市场。在这种背景下,研究我国不同类型商业银行的效率并进行比较变得很有意义。

4.2 我国商业银行效率测度和对比分析

4.2.1 三个不同模型[①]下我国商业银行总体效率情况及排名对比

表2、表3和表4详细列出了三种不同模型中每家银行2008—2015年期间的各项指标,包括技术效率或综合效率(CRS)、纯技术效率(VRS)和规模效率(Scale)。CRS是指投入与产出要素之间的最佳配置状态,本文采用的是投入导向型DEA,因此本文中的CRS是指每家银行在相同的产出下生产单元理想的最小可能性投入与实际投入之间的比率;VRS是银行由于管理和技术等因素所影响的生产效率;Scale是银行由于规模因素所影响的生产效率。不仅如此,表2、表3和表4还列出了此期间内每家银行的规模报酬以及每家银行CRS、VRS、Scale平均效率和各平均效率的排名情况。

(1)盈利能力模型效率分析。

表2 盈利能力模型下各商业银行效率及排名

银行名称	效率类型	2008	2009	2010	2011	2012	2013	2014	2015	平均效率	排名
工商银行	CRS	0.918	1	1	1	1	1	1	1	0.990	3
	VRS	1	1	1	1	1	1	1	1	1.000	(1)
	Scale	0.918	1	1	1	1	1	1	1	0.990	【4】
	规模报酬	递减	不变	不变	不变	不变	不变	不变	不变		

---

① 三组不同的投入产出指标代表了三个不同的模型。

续表

银行名称	效率类型	2008	2009	2010	2011	2012	2013	2014	2015	平均效率	排名
农业银行	CRS	0.874	0.852	1	1	1	1	1	1	0.966	6
	VRS	0.928	0.953	1	1	1	1	1	1	0.985	(7)
	Scale	0.941	0.894	1	1	1	1	1	1	0.979	【9】
	规模报酬	递减	递减	不变	不变	不变	不变	不变	不变		
中国银行	CRS	1	1	1	1	1	1	1	0.958	0.995	1
	VRS	1	1	1	1	1	1	1	1	1.000	(1)
	Scale	1	1	1	1	1	1	1	0.958	0.995	【2】
	规模报酬	不变	不变	不变	不变	不变	不变	不变	递减		
建设银行	CRS	0.955	1	1	1	1	1	1	1	0.994	2
	VRS	1	1	1	1	1	1	1	1	1.000	(1)
	Scale	0.955	1	1	1	1	1	1	1	0.994	【3】
	规模报酬	递减	不变	不变	不变	不变	不变	不变	不变		
交通银行	CRS	0.87	0.851	0.838	0.894	0.887	0.861	0.856	0.795	0.857	15
	VRS	0.984	0.88	0.839	0.903	0.888	0.863	0.861	0.833	0.881	(17)
	Scale	0.885	0.967	0.999	0.989	0.999	0.998	0.994	0.955	0.973	【11】
	规模报酬	递减	递减	递减	递减	递减	递减	递减	递减		
兴业银行	CRS	0.837	0.943	0.987	1	0.926	0.864	0.868	0.781	0.901	10
	VRS	0.956	0.991	1	1	0.93	0.867	0.876	0.802	0.928	(14)
	Scale	0.876	0.951	0.987	1	0.995	0.997	0.991	0.974	0.971	【12】
	规模报酬	递减	递减	递减	不变	递减	递减	递减	递减		
华夏银行	CRS	0.599	0.566	0.68	0.757	0.839	0.886	0.877	0.842	0.756	19
	VRS	0.654	0.617	0.7	0.757	0.845	0.892	0.89	0.887	0.780	(20)
	Scale	0.915	0.916	0.971	1	0.993	0.994	0.985	0.95	0.966	【13】
	规模报酬	递减	递减	递减	不变	递增	递增	递增	递增		
招商银行	CRS	1	0.919	1	0.968	1	0.931	0.916	1	0.967	5
	VRS	1	0.943	1	1	1	0.977	1	1	0.990	(6)
	Scale	1	0.974	1	0.968	1	0.931	0.938	1	0.976	【10】
	规模报酬	不变	递减	不变	递增	不变	递增	递增	不变		

第4章 三组不同投入产出指标对我国商业银行效率影响实证研究

续表

银行名称	效率类型	2008	2009	2010	2011	2012	2013	2014	2015	平均效率	排名
平安银行	CRS	1	0.882	0.921	0.914	0.917	0.896	1	1	0.941	8
	VRS	1	0.885	0.925	0.916	0.918	0.9	1	1	0.943	(12)
	Scale	1	0.997	0.995	0.998	0.999	0.995	1	1	0.998	【1】
	规模报酬	不变	递增	递增	递增	递增	递增	不变	不变		
浦发银行	CRS	0.848	0.757	0.939	0.97	1	0.989	0.918	0.849	0.909	9
	VRS	0.962	0.92	0.962	1	1	1	0.943	0.855	0.955	(10)
	Scale	0.882	0.822	0.977	0.97	1	0.989	0.974	0.994	0.951	【15】
	规模报酬	递减	递减	递减	递减	不变	递减	递减	递减		
民生银行	CRS	0.702	0.874	0.907	0.799	0.888	0.877	0.94	1	0.873	13
	VRS	0.729	0.914	0.91	0.804	0.899	0.882	0.965	1	0.888	(16)
	Scale	0.963	0.956	0.997	0.994	0.988	0.995	0.975	1	0.984	【7】
	规模报酬	递减	递减	递增	递增	递增	递增	递增	不变		
中信银行	CRS	0.883	0.972	1	1	0.866	0.919	0.802	0.737	0.897	12
	VRS	0.927	1	1	1	0.881	0.92	0.802	0.756	0.911	(15)
	Scale	0.952	0.972	1	1	0.983	0.999	1	0.974	0.985	【6】
	规模报酬	递减	递减	不变	不变	递增	递增	不变	递增		
光大银行	CRS	0.699	0.806	0.848	0.934	0.942	0.915	0.87	0.752	0.846	16
	VRS	0.762	0.809	0.849	0.945	0.943	0.918	0.872	0.776	0.859	(18)
	Scale	0.916	0.997	0.998	0.988	0.999	0.997	0.998	0.969	0.983	【8】
	规模报酬	递减	递增	递减	递减	递增	递增	递增	递增		
浙商银行	CRS	0.694	0.815	0.807	0.852	0.951	0.855	0.798	0.74	0.814	17
	VRS	0.916	0.864	0.981	0.93	0.976	1	0.937	0.887	0.936	(13)
	Scale	0.758	0.944	0.822	0.917	0.975	0.855	0.852	0.835	0.870	【19】
	规模报酬	递增	递增	递增	递增	递增	递增	递增	递增		
广发银行	CRS	0.693	0.731	0.843	0.812	0.804	1	0.83	0.754	0.808	18
	VRS	0.72	0.742	0.871	0.866	0.823	1	0.902	0.837	0.845	(19)
	Scale	0.962	0.986	0.968	0.938	0.976	1	0.921	0.901	0.957	【14】
	规模报酬	递增	递减	递增	递增	递增	不变	递增	递增		

续表

银行名称	效率类型	2008	2009	2010	2011	2012	2013	2014	2015	平均效率	排名
恒丰银行	CRS	0.702	0.82	0.831	1	1	0.937	0.877	0.725	0.862	14
	VRS	0.77	1	0.869	1	1	1	1	0.978	0.952	(11)
	Scale	0.912	0.82	0.957	1	1	0.937	0.877	0.741	0.906	【18】
	规模报酬	递增	递增	递增	不变	不变	递增	递增	递增		
渤海银行	CRS	0.605	0.596	0.6	0.793	0.828	0.802	0.756	0.748	20
	VRS	1	1	0.943	1	0.981	0.875	0.922	1	0.965	(9)
	Scale	0.605	0.596	0.636	0.809	0.947	0.87	0.756	0.777	【20】
	规模报酬	递增	递增	递增	不变	递增	递增	递增		
北京银行	CRS	1	1	1	0.985	1	1	0.864	0.981	4
	VRS	1	1	1	1	0.99	1	1	0.936	0.991	(5)
	Scale	1	1	1	1	0.994	1	1	0.923	0.990	【4】
	规模报酬	不变	不变	不变	不变	递增	不变	不变	递增		
南京银行	CRS	1	1	0.951	0.939	0.977	0.978	0.861	0.826	0.942	7
	VRS	1	1	1	1	1	1	1	0.966	0.996	(4)
	Scale	1	1	0.951	0.939	0.977	0.978	0.861	0.856	0.945	【16】
	规模报酬	不变	不变	递增	递增	递增	递增	递增	递增		
宁波银行	CRS	0.891	1	0.838	0.858	0.936	0.918	0.924	0.826	0.899	11
	VRS	1	1	0.876	0.916	1	1	1	1	0.974	(8)
	Scale	0.891	1	0.956	0.937	0.936	0.918	0.924	0.826	0.924	【17】
	规模报酬	递增	不变	递增	递增	递增	递增	递增	递增		

从表2可以看出，近年来我国商业银行的盈利能力有了很大的提高，50%的银行技术效率达到了0.9以上。纯技术效率也很高，20家银行中，有四分之三的银行效率超过0.9，原因主要体现在三个方面：①各家商业银行竞相引进高层次人才，产值比以往有了明显提高；②没有考虑员工人数和机构臃肿对银行效率的影响，单一地从盈利能力一个方面看银行效率；③利率市场化的进程让各家银行之间互相竞争，盈利能力方面的效率差距逐渐缩小。从规模效率看，只有浙商银行和渤海银行的规模效率没有达到0.9，而且这两家银行的效率都处在规模报酬递增区域，表示这两家银行的规模效率降低了银行的盈利能力。值得一提的是，工商银行、中国银行、建设银行在整个2008—2015年

第4章 三组不同投入产出指标对我国商业银行效率影响实证研究

期间的纯技术效率（VRS）都是1，表现出了卓越的盈利能力水平，就算总体效率一直比较低的农业银行，单一地从盈利能力来看纯技术效率也达到了0.985，排在了20家银行的第七位，主要原因一是国有股份制，二是规模大，在吸引投资等方面具有独特的优势。

（2）业务扩张能力模型效率分析。

表3 业务扩张能力模型下各商业银行效率及排名

银行名称	效率类型	2008	2009	2010	2011	2012	2013	2014	2015	平均效率	排名
工商银行	CRS	0.882	0.953	1	1	1	1	1	1	0.979	6
	VRS	1	1	1	1	1	1	1	1	1.000	(1)
	Scale	0.882	0.953	1	1	1	1	1	1	0.979	【7】
	规模报酬	递减	递减	不变	不变	不变	不变	不变	不变		
农业银行	CRS	0.749	0.72	0.823	0.929	0.89	0.91	0.957	0.918	0.862	14
	VRS	0.873	0.774	0.902	0.929	0.951	0.914	0.962	0.922	0.903	(19)
	Scale	0.858	0.929	0.911	1	0.937	0.996	0.995	0.995	0.953	【13】
	规模报酬	递减	递减	递减	不变	递减	递增	递增	递增		
中国银行	CRS	1	1	1	1	1	1	1	1	1.000	1
	VRS	1	1	1	1	1	1	1	1	1.000	(1)
	Scale	1	1	1	1	1	1	1	1	1.000	【1】
	规模报酬	不变	不变	不变	不变	不变	不变	不变	不变		
建设银行	CRS	0.902	0.917	1	1	1	1	1	1	0.977	7
	VRS	1	1	1	1	1	1	1	1	1.000	(1)
	Scale	0.902	0.917	1	1	1	1	1	1	0.977	【8】
	规模报酬	递减	递减	不变	不变	不变	不变	不变	不变		
交通银行	CRS	0.945	0.878	0.931	1	1	0.963	0.959	0.923	0.950	10
	VRS	1	0.98	0.955	1	1	0.971	0.979	0.933	0.977	(12)
	Scale	0.945	0.896	0.975	1	1	0.992	0.98	0.989	0.972	【9】
	规模报酬	递减	递减	递减	不变	不变	递减	递减	递增		

续表

银行名称	效率类型	2008	2009	2010	2011	2012	2013	2014	2015	平均效率	排名
兴业银行	CRS	0.809	0.956	0.944	1	1	1	0.776	0.682	0.896	12
	VRS	0.885	1	0.958	1	1	1	1	0.844	0.961	(16)
	Scale	0.914	0.956	0.985	1	1	1	0.776	0.808	0.930	【15】
	规模报酬	递减	递减	递减	不变	不变	不变	递减	递减		
华夏银行	CRS	0.675	0.608	0.676	0.696	0.812	0.876	0.915	0.956	0.777	18
	VRS	0.677	0.657	0.684	0.706	0.833	0.909	0.961	1	0.803	(20)
	Scale	0.996	0.925	0.989	0.985	0.976	0.964	0.953	0.956	0.968	【10】
	规模报酬	递增	递减	递减	递增	递增	递增	递增	递增		
招商银行	CRS	1	1	1	1	1	1	1	1	1.000	1
	VRS	1	1	1	1	1	1	1	1	1.000	(1)
	Scale	1	1	1	1	1	1	1	1	1.000	【1】
	规模报酬	不变	不变	不变	不变	不变	不变	不变	不变		
平安银行	CRS	1	1	1	1	1	1	1	1	1.000	1
	VRS	1	1	1	1	1	1	1	1	1.000	(1)
	Scale	1	1	1	1	1	1	1	1	1.000	【1】
	规模报酬	不变	不变	不变	不变	不变	不变	不变	不变		
浦发银行	CRS	1	0.823	0.989	0.96	1	1	0.982	0.879	0.954	9
	VRS	1	1	1	1	1	1	1	0.913	0.989	(10)
	Scale	1	0.823	0.989	0.96	1	1	0.982	0.963	0.965	【12】
	规模报酬	不变	递减	递减	递减	不变	不变	递减	递减		
民生银行	CRS	0.928	1	1	1	1	0.761	0.986	1	0.959	8
	VRS	1	1	1	1	1	0.944	0.99	1	0.992	(8)
	Scale	0.928	1	1	1	1	0.807	0.997	1	0.967	【11】
	规模报酬	递减	不变	不变	不变	不变	递减	递增	不变		
中信银行	CRS	0.923	1	1	1	1	1	1	1	0.990	5
	VRS	0.924	1	1	1	1	1	1	1	0.991	(9)
	Scale	0.999	1	1	1	1	1	1	1	1.000	【4】
	规模报酬	递增	不变	不变	不变	不变	不变	不变	不变		

第4章 三组不同投入产出指标对我国商业银行效率影响实证研究

续表

银行名称	效率类型	2008	2009	2010	2011	2012	2013	2014	2015	平均效率	排名
光大银行	CRS	0.782	0.932	0.909	0.951	0.907	0.935	0.92	0.896	0.904	11
	VRS	0.783	0.977	0.921	0.957	0.919	0.936	0.92	0.91	0.915	(17)
	Scale	0.998	0.954	0.988	0.994	0.987	0.999	0.999	0.986	0.988	【6】
	规模报酬	递增	递减	递减	递减	递增	递减	递减	递增		
浙商银行	CRS	0.82	0.812	0.756	0.783	0.897	0.873	0.812	0.669	0.803	16
	VRS	0.971	1	1	1	1	1	1	1	0.996	(7)
	Scale	0.845	0.812	0.756	0.783	0.897	0.873	0.812	0.669	0.806	【18】
	规模报酬	递增	递增	递增	递增	递增	递增	递增	递增		
广发银行	CRS	0.922	0.833	0.807	0.839	0.943	1	0.83	0.762	0.867	13
	VRS	0.933	0.84	0.847	0.941	0.972	1	0.902	0.837	0.909	(18)
	Scale	0.988	0.992	0.952	0.891	0.971	1	0.921	0.91	0.953	【13】
	规模报酬	递减	递增	递增	递增	递增	不变	递增	递增		
恒丰银行	CRS	0.747	1	0.811	1	0.829	0.717	0.877	0.654	0.829	15
	VRS	0.913	1	0.983	1	1	0.937	1	0.978	0.976	(13)
	Scale	0.818	1	0.825	1	0.829	0.765	0.877	0.668	0.848	【16】
	规模报酬	递增	不变	递增	不变	递增	递增	递增	递增		
渤海银行	CRS	0.912	0.875	0.852	1	0.802	0.615	0.581	0.702	0.792	17
	VRS	1	1	1	1	1	0.878	0.926	1	0.976	(13)
	Scale	0.912	0.875	0.852	1	0.802	0.7	0.627	0.702	0.809	【17】
	规模报酬	递增	递增	递增	不变	递增	递增	递增	递增		
北京银行	CRS	1	1	1	1	0.953	1	1	0.999	0.994	4
	VRS	1	1	1	1	0.987	1	1	1	0.998	(6)
	Scale	1	1	1	1	0.965	1	1	0.999	0.996	【5】
	规模报酬	不变	不变	不变	不变	递增	不变	不变	递增		
南京银行	CRS	1	0.828	0.799	0.696	0.771	0.723	0.592	0.56	0.746	19
	VRS	1	1	1	1	1	1	0.886	0.986		(11)
	Scale	1	0.828	0.799	0.696	0.771	0.723	0.592	0.633	0.755	【20】
	规模报酬	不变	递增	递增	递增	递增	递增	递增	递增		

▲ 不同投入产出指标对我国商业银行效率的影响

续表

银行名称	效率类型	2008	2009	2010	2011	2012	2013	2014	2015	平均效率	排名
宁波银行	CRS	0.846	0.918	0.732	0.716	0.69	0.627	0.676	0.674	0.735	20
	VRS	0.934	1	0.905	0.959	1	1	1	1	0.975	(15)
	Scale	0.906	0.918	0.809	0.746	0.69	0.627	0.676	0.674	0.756	【19】
	规模报酬	递增	递增	递增	递增	递增	递增	递增	递增		

从表3可以看出，近年来我国商业银行的业务扩张能力也同样展示出了很高的效率水平，20家银行中有11家银行的技术效率达到了0.9以上，纯技术效率更高，除华夏银行外，其他19家银行的效率都超过了0.9，这一比率甚至超过了盈利能力模型下银行的技术效率和纯技术效率，最重要的原因应该是利率市场化，目前利率市场化已经基本完成，利率市场化的结果促进了银行之间的竞争，尽管银行的主要盈利来源利息差受到了强有力的挑战，但是非利息收入占银行总收入的比重也在逐渐提高，而且各银行纷纷与各大金融机构合作，业务更加多元化，比如，各大银行都不同程度地代理保险公司的产品，又不同程度地投资于各种基金业务。规模效率略低于盈利能力模型，有四分之三的银行规模效率在0.9以上。另外，在业务扩张方面，除了盈利能力模型中提到的工商银行、中国银行、建设银行的纯技术效率等于1以外，招商银行和平安银行业在整个2008—2015年期间纯技术效率也都为1，同前所述，国有银行凭借其国有并且规模大的优势在许多投资方面占据先机，而招商银行曾在信用卡推广方面成为各大银行的标杆，平安银行的业务扩张更是出色，它注资深发银行并更名为平安银行，这样由平安银行、平安保险、平安投资管理、平安信托等组成的全方面的金融集团应运而生，平安银行借助平安集团的优势在业务扩张方面表现出了强有力的竞争势头。

第4章 三组不同投入产出指标对我国商业银行效率影响实证研究

（3）人力资源模型效率分析。

表4 人力资源模型下各商业银行效率及排名

银行名称	效率类型	2008	2009	2010	2011	2012	2013	2014	2015	平均效率	排名
工商银行	CRS	0.447	0.41	0.584	0.395	0.486	0.378	0.488	0.489	0.460	19
	VRS	1	1	1	1	1	1	1	1	1.000	(1)
	Scale	0.447	0.41	0.584	0.395	0.486	0.378	0.488	0.489	0.460	【19】
	规模报酬	递减	递减	递减	递减	递减	递减	递减	递减		
农业银行	CRS	0.216	0.257	0.317	0.266	0.28	0.249	0.299	0.322	0.276	20
	VRS	0.575	0.576	0.619	0.68	0.683	0.697	0.715	0.688	0.654	(20)
	Scale	0.375	0.446	0.513	0.391	0.41	0.357	0.418	0.467	0.422	【20】
	规模报酬	递减	递减	递减	递减	递减	递减	递减	递减		
中国银行	CRS	0.877	0.627	0.894	0.449	0.69	0.483	0.524	0.512	0.632	15
	VRS	1	1	1	1	1	1	1	1	1.000	(1)
	Scale	0.877	0.627	0.894	0.449	0.69	0.483	0.524	0.512	0.632	【17】
	规模报酬	递减	递减	递减	递减	递减	递减	递减	递减		
建设银行	CRS	0.511	0.458	0.691	0.41	0.528	0.356	0.493	0.518	0.496	18
	VRS	1	1	1	1	1	1	1	1	1.000	(1)
	Scale	0.511	0.458	0.691	0.41	0.528	0.356	0.493	0.518	0.496	【18】
	规模报酬	递减	递减	递减	递减	递减	递减	递减	递减		
交通银行	CRS	0.533	0.519	0.709	0.522	0.511	0.518	0.629	0.685	0.578	17
	VRS	0.826	1	0.988	0.889	0.981	1	0.823	0.837	0.918	(13)
	Scale	0.645	0.519	0.718	0.587	0.521	0.518	0.765	0.819	0.637	【16】
	规模报酬	递减	递减	递减	递减	递减	递减	递减	递减		
兴业银行	CRS	0.783	0.768	0.777	0.773	0.929	1	0.815	0.968	0.852	10
	VRS	0.811	0.81	0.794	0.812	0.974	1	0.886	1	0.886	(14)
	Scale	0.965	0.949	0.978	0.952	0.954	1	0.92	0.968	0.961	【4】
	规模报酬	递减	递减	递减	递减	递减	不变	递减	递减		
华夏银行	CRS	0.738	0.689	0.746	0.738	0.698	0.696	0.715	0.552	0.697	12
	VRS	0.782	0.746	0.777	0.765	0.702	0.712	0.84	0.641	0.746	(17)
	Scale	0.944	0.924	0.96	0.964	0.994	0.978	0.851	0.86	0.934	【7】
	规模报酬	递减	递减	递减	递减	递减	递减	递减	递减		

不同投入产出指标对我国商业银行效率的影响

续表

银行名称	效率类型	2008	2009	2010	2011	2012	2013	2014	2015	平均效率	排名
招商银行	CRS	0.997	0.729	1	0.926	0.885	0.894	1	1	0.929	3
	VRS	1	1	1	1	1	1	1	1	1.000	(1)
	Scale	0.997	0.729	1	0.926	0.885	0.894	1	1	0.929	【8】
	规模报酬	递减	递减	不变	递减	递减	递减	不变	不变		
平安银行	CRS	0.734	0.664	0.709	0.857	0.683	0.74	0.769	1	0.770	11
	VRS	0.769	0.671	0.709	0.874	0.687	0.744	0.769	1	0.778	(15)
	Scale	0.955	0.989	0.999	0.981	0.994	0.995	1	1	0.989	【3】
	规模报酬	递减	递增	递增	递减	递增	递减	不变	不变		
浦发银行	CRS	0.896	0.878	0.993	0.876	0.845	0.913	0.866	0.987	0.907	4
	VRS	1	1	1	1	1	1	1	1	1.000	(1)
	Scale	0.896	0.878	0.993	0.876	0.845	0.913	0.866	0.987	0.907	【11】
	规模报酬	递减	递减	递减	递减	递减	递减	递减	递减		
民生银行	CRS	1	1	1	1	1	1	1	1	1.000	1
	VRS	1	1	1	1	1	1	1	1	1.000	(1)
	Scale	1	1	1	1	1	1	1	1	1.000	【1】
	规模报酬	不变	不变	不变	不变	不变	不变	不变	不变		
中信银行	CRS	0.934	0.861	0.858	0.862	0.802	0.796	0.848	0.898	0.857	9
	VRS	1	1	0.905	0.967	0.924	0.919	0.923	0.974	0.952	(12)
	Scale	0.934	0.861	0.948	0.891	0.868	0.867	0.919	0.922	0.901	【13】
	规模报酬	递减	递减	递减	递减	递减	递减	递减	递减		
光大银行	CRS	0.71	0.646	0.807	0.633	0.64	0.624	0.698	0.793	0.694	13
	VRS	0.74	0.648	0.82	0.712	0.749	0.741	0.7	0.813	0.740	(18)
	Scale	0.96	0.998	0.985	0.889	0.855	0.842	0.998	0.977	0.938	【6】
	规模报酬	递减	递减	递减	递减	递减	递减	递减	递减		
浙商银行	CRS	0.836	0.93	0.764	0.903	0.823	0.896	1	1	0.894	7
	VRS	1	1	0.995	1	0.936	0.915	1	1	0.981	(10)
	Scale	0.836	0.93	0.768	0.903	0.879	0.979	1	1	0.912	【10】
	规模报酬	递增	递增	递增	递增	递增	递增	不变	不变		

第4章 三组不同投入产出指标对我国商业银行效率影响实证研究

续表

银行名称	效率类型	2008	2009	2010	2011	2012	2013	2014	2015	平均效率	排名
广发银行	CRS	0.591	0.514	0.628	0.536	0.542	0.973	0.752	0.785	0.665	14
	VRS	0.621	0.517	0.648	0.614	0.57	1	0.776	0.827	0.697	(19)
	Scale	0.951	0.994	0.969	0.873	0.951	0.973	0.969	0.949	0.954	【5】
	规模报酬	递减	递增	递减	递减	递减	递减	递增	递增		
恒丰银行	CRS	0.856	0.624	1	1	1	1	0.934	0.811	0.903	5
	VRS	1	0.922	1	1	1	1	1	0.92	0.980	(11)
	Scale	0.856	0.677	1	1	1	1	0.934	0.881	0.919	【9】
	规模报酬	递增	递增	不变	不变	不变	不变	递增	递增		
渤海银行	CRS	1	0.624	0.911	1	0.886	1	0.993	0.755	0.896	6
	VRS	1	1	1	1	1	1	1	0.922	0.990	(9)
	Scale	1	0.624	0.911	1	0.886	1	0.993	0.819	0.904	【12】
	规模报酬	不变	递增	递增	不变	递增	不变	递增	递增		
北京银行	CRS	1	1	1	1	1	1	1	0.988	0.999	2
	VRS	1	1	1	1	1	1	1	1	1.000	(1)
	Scale	1	1	1	1	1	1	1	0.988	0.999	【2】
	规模报酬	不变	不变	不变	不变	不变	不变	不变	递减		
南京银行	CRS	1	0.708	0.883	0.795	0.773	0.774	0.934	1	0.858	8
	VRS	1	1	1	1	1	1	1	1	1.000	(1)
	Scale	1	0.708	0.883	0.795	0.773	0.774	0.934	1	0.858	【14】
	规模报酬	不变	递增	递增	递增	递增	递增	递增	不变		
宁波银行	CRS	0.677	0.611	0.726	0.584	0.58	0.602	0.592	0.632	0.626	16
	VRS	0.779	0.834	0.813	0.712	0.693	0.675	0.815	0.726	0.756	(16)
	Scale	0.869	0.732	0.893	0.82	0.837	0.893	0.727	0.87	0.830	【15】
	规模报酬	递增	递增	递增	递增	递增	递增	递增	递增		

递增资料来源：表2、表3、表4都根据《银行年报》（2008—2015年）计算得到。

此模型最主要的亮点是四大国有商业银行。从表4可以看出，工商银行、中国银行和建设银行的纯技术效率都是1，综合效率低归因于规模效率。农业银行的纯技术效率和规模效率都很低，排在所有银行的最后一位，导致了极低的技术效率。其他类型银行的效率差距也很大，例如，股份制银行中的民生银行不管是技术效率还是纯技术效率和规模效率都排第一位,而同为股份制银行的交通银行则表现出了非常低的效率;再如,3家上市城商行中的北京银行三种类型的效率都非常高,而宁波银行的效率却非常低。

4.2.2 我国不同类型商业银行效率比较

表5 我国不同类型商业银行效率表

银行类型	效率类型	盈利能力模型 平均效率	盈利能力模型 标准差	业务扩张能力模型 平均效率	业务扩张能力模型 标准差	人力资源模型 平均效率	人力资源模型 标准差
所有20家商业银行	CRS DEA	0.8973	0.0766	0.9007	0.0925	0.7495	0.1955
	VRS DEA	0.9390	0.0614	0.9674	0.0496	0.9039	0.1237
	Scale	0.9557	0.0533	0.9311	0.0847	0.8288	0.1884
四大国有商业银行	CRS DEA	0.9863	0.0137	0.9545	0.0625	0.4660	0.1467
	VRS DEA	0.9963	0.0075	0.9758	0.0485	0.9135	0.1730
	Scale	0.9895	0.0073	0.9773	0.0192	0.5025	0.0915
13家股份制商业银行	CRS DEA	0.8599	0.0658	0.9016	0.0813	0.8186	0.1253
	VRS DEA	0.9102	0.0580	0.9604	0.0558	0.8975	0.1153
	Scale	0.9459	0.0618	0.9389	0.0708	0.9139	0.0910
3家上市城商行	CRS DEA	0.9407	0.0410	0.8250	0.1465	0.8277	0.1883
	VRS DEA	0.9870	0.0115	0.9863	0.0115	0.9187	0.1409
	Scale	0.9530	0.0337	0.8357	0.1389	0.8950	0.0913

资料来源:根据《银行年报》(2008—2015年)计算得到。

表5详细列出了四大国有商业银行、13家股份制商业银行、3家城市商业银行技术效率、纯技术效率、规模效率的平均值及其平均效率标准差,并将三种不同模型的各项指标进行比较。从表5可以看出:(1)盈利能力方面,我国商业银行效率最高的是四大国有商业银行,技术效率均值达到了0.9863,3家上市城商行在盈利能力方面高于13家股份制商业银行。(2)业务扩张能力方面,我国四大国有商业银行的效率依然最高,技术效率均值达到了0.9545,但13家股份制商业银行的效率高于3家上市城商行。(3)人力资源模型中,我国四大国有商业银行的效率远远低于其他类型的银行效率,但依然有高达0.9135

的纯技术效率。(4)纯技术效率方面,四大国有商业银行和3家上市城商行相差不大,互有高低,并且都高于13家股份制商业银行。(5)规模效率方面,我国四大国有商业银行在盈利能力模型和业务扩张能力模型中都高于其他类型商业银行,但在人力资源模型中远远低于其他类型商业银行,这是造成该模型中四大国有商业银行效率低下的主要因素。

从每类银行的平均效率标准差可以看出,除了业务扩张模型中三家上市城商行的规模效率有较大的标准差,其他各种类型商业银行效率的标准差都明显低于人力资源模型。充分表明我国各商业银行的员工人数和机构数量很不均衡,存在较大差异,而我国四大国有商业银行在人力资源模型中的效率低下也正是因为其人员过多、机构臃肿。

4.2.3 不良贷款率对我国商业银行效率影响占比[①]

不良贷款是影响银行效率的风险指标,影响银行效率的风险指标有很多,比如不良贷款准备率、所有者权益/总资产、存贷比率、同业资金比率等都或多或少地影响着银行的效率。很多研究者使用Tobit回归方法,用效率对各种风险指标进行回归分析并做显著性检验,也得出了许多有意义的结果,但各种风险指标之间又或多或少地存在某种相关关系。而且在所有的风险指标中,只有不良贷款率直接影响了产出的多少,因而本文只研究不良贷款率的影响。

本文选择的模型与大多数研究者选择的模型有所不同,主要是投入要素和产出要素的选择。之前的很多研究者为了能更合理地测度银行效率,选择投入和产出要素的时候,把反映银行盈利能力、业务扩张能力等各方面的因素都考虑进去,试图全面测度银行效率。但是过多的投入产出要素会使过多的银行出现在前沿面,这样又影响了研究者对效率的有效分析。因此,本文选择各种不同的测度效率的模型,选择不同的投入和产出要素测度银行效率,以解决这一两难问题。也正是这种原因,本文的三种模型中只有业务扩张能力模型的产出要素

---

① 是指某家银行不良贷款率对效率的影响大小占所有银行不良贷款率对效率的影响大小之比值。

包含不良贷款，其他两个模型的投入和产出要素都没有包含这一风险要素。鉴于这种原因，本文不再按照传统的方法试图通过回归方法来分析不良贷款对效率的影响，只以业务扩张能力模型（因为只有这一模型的产出要素受不良贷款率的直接影响）为例计算出包含和不包含不良贷款效率的变动比例，即计算出不良贷款率对每家银行效率的影响占比。变动比例大的银行受不良贷款率的影响大，反之亦然。

分析不良贷款对每家商业银行的影响比例有很好的现实意义，它可以帮助每家银行分析不足，如果占比过高，就表示不良贷款率已经远远超出了商业银行的平均水平，需要采取一定措施降低不良贷款率，具体比例如表6所示。

具体计算公式如下：

$$\text{Ratio} = \frac{A_i}{\sum_{i=1}^{20} |A_i|}$$

其中 Ratio 表示比例，即表格中的数值，A_i 表示扣除不良贷款测度的效率减去包含不良贷款测度的效率值，Ratio 的大小等于效率值之差除以20家商业银行效率值之差的绝对值之和。

表6 业务扩张能力模型下不良贷款率影响我国各商业银行效率占比

银行名称	2008	2009	2010	2011	2012	2013	2014	2015
工商银行	-7.23%	-2.04%	0%	0%	0%	0%	0%	0%
农业银行	-28.92%	-22.45%	-33.33%	-31.82%	-18.75%	-13.33%	-21.43%	-36.36%
中国银行	0%	0%	0%	0%	0%	0%	0%	0%
建设银行	-3.61%	-2.04%	0%	0%	0%	0%	0%	0%
交通银行	-9.64%	-2.04%	-5.56%	-4.55%	0%	-13.33%	-14.29%	-4.55%
兴业银行	0%	8.16%	5.56%	0%	0%	0%	0%	0%
华夏银行	-7.23%	-6.12%	-8.33%	-13.64%	-12.5%	6.67%	7.14%	0%
招商银行	0%	0%	0%	0%	0%	0%	0%	0%
平安银行	0%	0%	0%	0%	0%	0%	0%	0%
浦发银行	0%	4.08%	5.56%	4.55%	0%	0%	7.14%	-4.55%
民生银行	2.41%	0%	0%	0%	0%	0%	0%	0%

续表

银行名称	2008	2009	2010	2011	2012	2013	2014	2015
中信银行	-2.41%	0%	0%	0%	0%	0%	0%	0%
光大银行	-8.43%	0%	0%	-4.55%	0%	-6.67%	-7.14%	-4.55%
浙商银行	4.82%	12.24%	8.33%	9.09%	6.25%	13.33%	21.43%	4.55%
广发银行	-14.46%	-24.49%	-22.22%	-27.27%	-31.25%	0%	0%	0%
恒丰银行	1.20%	0%	2.78%	0%	6.25%	-6.67%	0%	0%
渤海银行	7.23%	12.24%	2.78%	0%	12.5%	20%	-7.14%	-4.55%
北京银行	0%	0%	0%	0%	0%	0%	0%	4.55%
南京银行	0%	-4.08%	-2.78%	0%	-6.25%	-13.33%	7.14%	18.18%
宁波银行	2.41%	0%	2.78%	-4.55%	6.25%	-6.67%	7.14%	18.18%

资料来源：根据《银行年报》（2008—2015年）计算得到。

说明：表格中的0%不一定是确定的0，有可能是四舍五入的结果，所以0%表示不良贷款对银行效率的影响比较小或者没有影响；表格中正的数值，指扣除不良贷款之后测度的效率反而高了，表示此银行的不良贷款率远远低于其他银行，从而效率相对地提高了；表格中负的数值，指扣除不良贷款之后测度的效率比包含不良贷款测度的效率低。

从表6可以看出，受不良贷款率影响最大的是农业银行，它在2008—2015年整个期间内都占有着很高的比例，而且到最近的2015年，在20家银行中的占比达到了-36.36%，超过了所有银行占比的三分之一，不得不引起重视。其次是广发银行，它在2008—2012年期间内占有很高的比例，但是在最近三年得到了明显的改善。另外交通银行和华夏银行占比也比较高。

4.3 我国商业银行超效率测度和对比分析

4.3.1 三组不同指标下我国商业银行总体超效率情况及排名对比

传统DEA模型无法测度位于前沿面上的银行效率，超效率DEA

模型就是为了弥补这种缺陷而发展的一种扩展 DEA 模型。不仅如此，超效率 DEA 还可以对位于前沿面上的银行效率进行排序。

为了更有效地分析我国商业银行的效率情况，本文选取了三组不同的投入要素和产出要素，分别从不同的方面分析了我国商业银行的超效率。三组不同的投入要素和产出要素分别代表了三个不同的模型：一是反映银行盈利能力的模型，二是反映银行业务扩张能力的模型，三是反映人员和机构获取收益能力的模型。

表 7、表 8 和表 9 详细列出了盈利能力模型、业务扩张能力模型和人力资源模型中每家银行 2008—2015 年期间的 CRS 超效率和 VRS 超效率，其中 CRS 表示技术效率或综合效率，是指投入与产出要素之间的最佳配置状态，本文采用的是投入导向型 DEA，因此本文中的 CRS 是指每家银行在相同的产出下生产单元理想的最小可能性投入与实际投入之间的比率。VRS 表示纯技术效率，是银行由于管理和技术等因素影响的生产效率。对于银行规模效率问题，传统 DEA 已经做得足够好，在此不再重复阐述。本文会在后续列出不同类型银行的规模效率，并把传统 DEA 和超效率 DEA 测度出的各种效率进行比较。另外，表 7、表 8 和表 9 还列出了此期间内每家银行 CRS、VRS 的平均效率和各平均效率的排名情况，并与传统 DEA 模型中的排名情况进行对比。

4.3.1.1 盈利能力模型效率分析

表 7 盈利能力模型下各商业银行超效率及排名

效率类型	银行名称	2008	2009	2010	2011	2012	2013	2014	2015	平均效率	排名	原始排名
CRS	工商银行	0.918	1.004	1.054	1.053	1.068	1.071	1.057	1.045	1.034	3	3
	农业银行	0.874	0.852	1.008	1.081	1.037	1.045	1.101	1.029	1.003	6	6
	中国银行	1.611	1.570	1.280	1.128	1.178	1.135	1.075	0.958	1.242	1	1
	建设银行	0.955	1.002	1.047	1.060	1.057	1.070	1.012	1.019	1.028	4	2
	交通银行	0.871	0.851	0.838	0.894	0.887	0.861	0.856	0.795	0.857	16	15
	兴业银行	0.837	0.943	0.987	1.007	0.926	0.864	0.868	0.781	0.902	11	10
	华夏银行	0.599	0.566	0.680	0.757	0.839	0.886	0.877	0.842	0.756	19	19
	招商银行	1.069	0.919	1.023	0.968	1.018	0.931	0.916	1.232	1.009	5	5

第4章 三组不同投入产出指标对我国商业银行效率影响实证研究

续表

效率类型	银行名称	2008	2009	2010	2011	2012	2013	2014	2015	平均效率	排名	原始排名
CRS	平安银行	1.025	0.882	0.921	0.914	0.917	0.896	1.090	1.361	1.001	7	8
	浦发银行	0.848	0.757	0.939	0.970	1.019	0.989	0.918	0.849	0.911	10	9
	民生银行	0.702	0.874	0.907	0.799	0.888	0.877	0.940	1.018	0.876	14	13
	中信银行	0.883	0.972	1.006	1.024	0.866	0.919	0.802	0.737	0.901	12	12
	光大银行	0.699	0.806	0.848	0.934	0.942	0.915	0.870	0.752	0.846	17	16
	浙商银行	0.694	0.815	0.807	0.853	0.951	0.855	0.798	0.741	0.814	18	17
	广发银行	0.693	0.731	0.843	0.812	0.804	1.450	0.830	0.754	0.865	15	18
	恒丰银行	0.702	0.820	0.831	1.047	1.076	0.937	0.877	0.725	0.877	13	14
	渤海银行	0.605	0.596	0.600	1.047	0.793	0.828	0.802	0.756	0.753	20	20
	北京银行	1.151	1.248	1.081	1.044	0.985	1.027	1.112	0.864	1.064	2	4
	南京银行	1.136	1.002	0.951	0.939	0.977	0.978	0.861	0.826	0.959	8	7
	宁波银行	0.891	1.108	0.838	0.858	0.936	0.918	0.924	0.826	0.912	9	11
VRS	工商银行	Inf	Inf	Inf	Inf	Inf	Inf	Inf	Inf	Inf		(1)
	农业银行	0.928	0.953	1.052	1.086	1.079	1.046	1.101	1.030	1.034	(8)	(7)
	中国银行	Inf	Inf	Inf	1.138	1.179	1.151	1.081	1.045	Inf		(1)
	建设银行	1.155	1.071	1.069	1.062	1.074	1.070	1.014	1.020	1.067	(4)	(1)
	交通银行	0.984	0.880	0.839	0.903	0.888	0.863	0.861	0.833	0.881	(16)	(17)
	兴业银行	0.956	0.991	1.022	1.026	0.930	0.867	0.876	0.802	0.934	(12)	(14)
	华夏银行	0.654	0.618	0.700	0.757	0.845	0.892	0.890	0.887	0.780	(18)	(20)
	招商银行	1.077	0.943	1.048	1.003	1.046	1.007	0.977	1.255	1.044	(7)	(6)
	平安银行	1.082	0.885	0.925	0.916	0.918	0.900	1.105	1.424	1.019	(9)	(12)
	浦发银行	0.962	0.920	0.962	1.013	1.033	1.024	0.943	0.855	0.964	(10)	(10)
	民生银行	0.729	0.914	0.910	0.804	0.899	0.882	0.965	1.044	0.893	(15)	(16)
	中信银行	0.927	1.062	1.019	1.029	0.881	0.920	0.802	0.756	0.925	(13)	(15)
	光大银行	0.763	0.809	0.849	0.945	0.943	0.918	0.872	0.776	0.859	(17)	(18)
	浙商银行	0.916	0.864	0.981	0.930	0.976	1.027	0.937	0.887	0.940	(11)	(13)
	广发银行	0.720	0.742	0.871	0.866	0.823	1.517	0.902	0.837	0.910	(14)	(19)
	恒丰银行	0.770	1.165	0.869	1.205	1.085	1.041	1.282	0.978	1.049	(6)	(11)
	渤海银行	1.379	1.019	0.943	1.429	0.981	0.875	0.922	1.013	1.070	(3)	(9)
	北京银行	1.156	1.261	1.085	1.055	0.991	1.030	1.119	0.936	1.079	(2)	(5)
	南京银行	1.334	1.201	1.244	1.188	1.231	1.363	1.011	0.966	1.192	(1)	(4)
	宁波银行	1.016	1.108	0.876	0.916	1.160	1.063	1.089	1.206	1.054	(5)	(8)

▲ 不同投入产出指标对我国商业银行效率的影响

从表 7 可以看出，近年来我国商业银行的盈利能力有了很大的提高，60% 的银行技术效率达到了 0.9 以上。纯技术效率更高，除了工商银行和中国银行（超效率测度必须将自身从银行数据中剔除，所以有可能出现线性规划无最优可行解的情况），剩余的 18 家银行中，有 14 家银行效率超过 0.9，原因主要体现在三个方面：（1）各家商业银行竞相引进高层次人才，单位员工的产值比以往有了明显提高；（2）没有考虑员工人数和机构臃肿对银行效率的影响，单一地从盈利能力一个方面看银行效率；（3）利率市场化的进程让各家银行之间互相竞争，效率差距逐渐缩小。从效率排名上看，四大国有商业银行的效率比较靠前，就算效率最低的农业银行也表现出了非常优秀的盈利能力，这一定程度上归因于银行规模大和国有股份制，其在吸引投资等方面具有独特的优势。另外，不管是技术效率还是纯技术效率，三家上市城商行在超效率 DEA 中的排名要明显高于传统 DEA 中的排名，原因在于三家上市城商行在某些年份表现出了相对高的超效率值。

4.3.1.2 业务扩张能力模型效率分析

表 8 业务扩张能力模型下各商业银行超效率及排名

效率类型	银行名称	2008	2009	2010	2011	2012	2013	2014	2015	平均效率	排名	原始排名
CRS	工商银行	0.882	0.953	1.023	1.066	1.059	1.049	1.055	1.034	1.015	7	6
	农业银行	0.749	0.720	0.823	0.929	0.890	0.910	0.957	0.918	0.862	14	14
	中国银行	1.611	1.570	1.280	1.128	1.178	1.135	1.075	1.061	1.255	2	1
	建设银行	0.902	0.917	1.053	1.047	1.039	1.050	1.015	1.037	1.007	8	7
	交通银行	0.945	0.879	0.931	1.001	1.030	0.963	0.959	0.923	0.954	10	10
	兴业银行	0.809	0.956	0.944	1.135	1.152	1.035	0.776	0.682	0.936	12	12
	华夏银行	0.675	0.608	0.676	0.696	0.812	0.877	0.915	0.956	0.777	19	18
	招商银行	1.176	1.024	1.113	1.069	1.149	1.119	1.168	1.282	1.138	3	1
	平安银行	1.385	1.368	1.094	1.053	1.128	1.197	1.805	2.121	1.394	1	1
	浦发银行	1.061	0.823	0.989	0.960	1.062	1.033	0.983	0.879	0.974	9	9
	民生银行	0.928	1.353	1.167	1.178	1.370	0.761	0.986	1.018	1.095	4	8

▲ 第4章 三组不同投入产出指标对我国商业银行效率影响实证研究

续表

效率类型	银行名称	2008	2009	2010	2011	2012	2013	2014	2015	平均效率	排名	原始排名
CRS	中信银行	0.923	1.154	1.114	1.167	1.093	1.074	1.068	1.055	1.081	6	5
	光大银行	0.782	0.932	0.909	0.951	0.907	0.935	0.920	0.896	0.904	13	11
	浙商银行	0.820	0.812	0.756	0.783	0.897	0.873	0.812	0.669	0.803	17	16
	广发银行	0.922	0.833	0.807	0.839	0.943	1.640	0.830	0.762	0.947	11	13
	恒丰银行	0.747	1.079	0.811	1.021	0.829	0.717	0.877	0.654	0.842	15	15
	渤海银行	0.912	0.875	0.852	1.378	0.802	0.615	0.581	0.702	0.840	16	17
	北京银行	1.044	1.138	1.132	1.106	0.953	1.104	1.178	1.000	1.082	5	4
	南京银行	1.289	0.828	0.799	0.696	0.771	0.723	0.592	0.560	0.782	18	19
	宁波银行	0.846	0.918	0.732	0.716	0.690	0.627	0.676	0.674	0.735	20	20
VRS	工商银行	Inf	Inf	Inf	Inf	Inf	Inf	Inf	Inf			(1)
	农业银行	0.873	0.774	0.902	0.929	0.951	0.914	0.962	0.922	0.904	(17)	(19)
	中国银行	Inf	Inf	Inf	1.138	1.179	1.151	1.081	1.063	Inf		(1)
	建设银行	1.105	1.008	1.083	1.061	1.053	1.067	1.019	1.052	1.056	(12)	(1)
	交通银行	1.072	0.980	0.955	1.037	1.034	0.971	0.979	0.933	0.995	(14)	(12)
	兴业银行	0.885	1.032	0.958	1.215	1.288	1.895	1.158	0.844	1.159	(6)	(16)
	华夏银行	0.677	0.657	0.684	0.706	0.833	0.909	0.961	1.028	0.807	(18)	(20)
	招商银行	1.179	1.050	1.125	1.091	1.182	1.135	1.294	1.419	1.184	(5)	(1)
	平安银行	1.511	1.378	1.097	1.053	1.152	1.219	1.882	2.145	1.430	(1)	(1)
	浦发银行	1.260	1.177	1.200	1.107	1.177	1.331	1.042	0.913	1.151	(9)	(10)
	民生银行	1.082	1.478	1.206	1.471	1.415	0.944	0.990	1.049	1.204	(4)	(8)
	中信银行	0.924	1.182	1.114	1.186	1.093	1.074	1.177	1.502	1.157	(7)	(9)
	光大银行	0.783	0.977	0.921	0.957	0.919	0.936	0.920	0.910	0.915	(16)	(17)
	浙商银行	0.971	1.001	1.118	1.182	1.476	1.507	1.193	1.451	1.237	(2)	(7)
	广发银行	0.933	0.840	0.847	0.941	0.972	1.658	0.902	0.837	0.991	(15)	(18)
	恒丰银行	0.913	1.424	0.983	1.128	1.013	0.938	1.282	0.978	1.082	(11)	(13)
	渤海银行	1.379	1.185	1.100	1.615	1.106	0.878	0.926	1.050	1.155	(8)	(13)
	北京银行	1.076	1.149	1.188	1.180	0.987	1.167	1.261	1.078	1.136	(10)	(6)
	南京银行	1.582	1.123	1.158	1.188	1.231	1.363	1.116	0.886	1.206	(3)	(11)
	宁波银行	0.934	1.112	0.905	0.959	1.114	1.005	1.156	1.215	1.050	(13)	(15)

▲ 不同投入产出指标对我国商业银行效率的影响

从表8可以看出，近年来我国商业银行的业务扩张能力也同样具有很高的水平，20家银行中有13家银行的技术效率达到了0.9以上，纯技术效率更高，不考虑工商银行和中国银行（此两家银行超效率值无法获得，原因上面已经阐明），除华夏银行外，其他17家银行的效率都超过了0.9，这一比率甚至超过了盈利能力模型下银行的技术效率和纯技术效率，最重要的原因应该是利率市场化，目前利率市场化已经基本完成，利率市场化的结果促进了银行之间的竞争，尽管银行的主要盈利来源利息差受到了强有力的挑战，但是非利息收入占银行总收入的比重也在逐渐提高，而且各银行纷纷与各大金融机构合作，业务更加多元化，比如，各大银行都不同程度地代理保险公司的产品，又不同程度地投资于各种基金业务。另外，在业务扩张方面，工商银行、中国银行、建设银行、招商银行、平安银行、民生银行、中信银行和北京银行八年的平均效率都超过1，其中建设银行、招商银行和平安银行在整个2008—2015年期间纯技术效率都超过1，中国银行在超效率可测的年度纯技术效率上也都超过1。尤其是平安银行，其技术效率和纯技术效率都排在所有银行的第一位，最近一年（2015年）的技术效率达到了2.121，纯技术效率达到了2.145，这两个效率值分别是本模型中技术效率和纯技术效率的最高值，表现出卓越的业务扩张能力。

4.3.1.3 人力资源模型效率分析

表9 人力资源模型下各商业银行超效率及排名

效率类型	银行名称	2008	2009	2010	2011	2012	2013	2014	2015	平均效率	排名	原始排名
CRS	工商银行	0.447	0.410	0.584	0.395	0.486	0.378	0.488	0.489	0.460	19	19
	农业银行	0.216	0.257	0.317	0.266	0.280	0.249	0.299	0.322	0.276	20	20
	中国银行	0.877	0.627	0.894	0.449	0.690	0.483	0.524	0.512	0.632	15	15
	建设银行	0.512	0.458	0.691	0.410	0.528	0.356	0.493	0.518	0.496	18	18
	交通银行	0.533	0.519	0.709	0.522	0.511	0.518	0.629	0.686	0.578	17	17
	兴业银行	0.783	0.768	0.777	0.773	0.929	1.005	0.815	0.968	0.852	10	10
	华夏银行	0.738	0.689	0.746	0.738	0.698	0.696	0.715	0.552	0.696	12	12

第4章 三组不同投入产出指标对我国商业银行效率影响实证研究

续表

效率类型	银行名称	2008	2009	2010	2011	2012	2013	2014	2015	平均效率	排名	原始排名
CRS	招商银行	0.998	0.729	1.150	0.926	0.885	0.894	1.114	1.188	0.985	4	3
	平安银行	0.734	0.664	0.709	0.857	0.683	0.741	0.769	1.075	0.779	11	11
	浦发银行	0.896	0.878	0.993	0.876	0.845	0.913	0.866	0.987	0.907	7	4
	民生银行	1.158	1.619	1.268	1.302	1.507	1.309	1.248	1.129	1.317	1	1
	中信银行	0.934	0.861	0.858	0.862	0.802	0.796	0.849	0.898	0.857	9	9
	光大银行	0.710	0.646	0.807	0.633	0.640	0.625	0.698	0.793	0.694	13	13
	浙商银行	0.836	0.930	0.764	0.903	0.823	0.896	1.065	1.224	0.930	6	7
	广发银行	0.591	0.514	0.628	0.536	0.542	0.973	0.752	0.785	0.665	14	14
	恒丰银行	0.856	0.624	1.080	1.573	1.254	1.504	0.934	0.811	1.080	3	5
	渤海银行	1.109	0.624	0.911	1.464	0.886	1.043	0.993	0.755	0.973	5	6
	北京银行	1.157	1.258	1.097	1.252	1.192	1.080	1.337	0.988	1.170	2	2
	南京银行	1.210	0.708	0.883	0.795	0.773	0.775	0.934	1.076	0.894	8	8
	宁波银行	0.677	0.611	0.726	0.584	0.580	0.602	0.592	0.632	0.625	16	16
VRS	工商银行	Inf	Inf	Inf	Inf	Inf	Inf	Inf	Inf	Inf		(1)
	农业银行	0.575	0.576	0.619	0.680	0.683	0.697	0.715	0.688	0.654	(18)	(20)
	中国银行	Inf	Inf	Inf	1.328	1.325	1.290	1.157	1.057	Inf		(1)
	建设银行	1.085	1.100	1.058	1.017	1.016	1.006	1.042	1.101	1.053	(9)	(1)
	交通银行	0.826	1.012	0.988	0.889	0.981	1.023	0.823	0.837	0.922	(11)	(13)
	兴业银行	0.811	0.810	0.794	0.812	0.974	1.098	0.886	1.066	0.906	(12)	(14)
	华夏银行	0.782	0.746	0.777	0.765	0.702	0.712	0.840	0.641	0.746	(15)	(17)
	招商银行	1.925	1.298	1.559	1.348	1.154	1.233	1.417	2.062	1.499	(1)	(1)
	平安银行	0.769	0.671	0.709	0.874	0.687	0.744	0.769	1.077	0.788	(13)	(15)
	浦发银行	1.009	1.023	1.390	1.115	1.177	1.193	1.090	1.018	1.127	(6)	(1)
	民生银行	1.164	1.625	1.300	1.331	1.892	1.468	1.250	1.230	1.407	(3)	(1)
	中信银行	1.168	1.116	0.905	0.967	0.924	0.919	0.923	0.974	0.987	(10)	(12)
	光大银行	0.740	0.648	0.820	0.712	0.749	0.741	0.700	0.813	0.740	(16)	(18)
	浙商银行	1.109	1.261	0.995	1.160	0.936	0.915	1.076	1.274	1.091	(8)	(10)
	广发银行	0.621	0.517	0.648	0.614	0.570	1.273	0.776	0.827	0.731	(17)	(19)
	恒丰银行	1.070	0.922	1.187	1.587	1.427	1.729	1.279	0.920	1.265	(4)	(11)
	渤海银行	2.144	1.378	1.615	2.054	1.450	1.206	1.075	0.922	1.481	(2)	(9)
	北京银行	1.223	1.279	1.163	1.261	1.252	1.172	1.340	1.032	1.215	(5)	(1)
	南京银行	1.321	1.030	1.094	1.068	1.079	1.083	1.063	1.158	1.112	(7)	(1)
	宁波银行	0.779	0.834	0.813	0.712	0.693	0.675	0.815	0.726	0.756	(14)	(16)

资料来源：表7、表8、表9都根据《银行年报》（2008—2015年）计算得到。

此模型所测度的银行效率跟之前两个模型形成鲜明对比,最主要的是四大国有商业银行。从表9可以看出,四大国有商业银行似乎失去了国有股份制和规模大的光环作用,其效率值远远低于13家股份制商业银行和3家上市城商行。但是,建设银行的纯技术效率虽然只排在第九位,但每年的纯技术效率值都超过1,中国银行效率可测的年度其纯技术效率值明显高于建设银行,技术效率(综合效率)低归因于规模效率低。只有农业银行的纯技术效率很低,排在所有银行的最后一位,导致了极低的技术效率。其他类型银行的效率差距也很大,例如,股份制银行中的民生银行技术效率排第一位,而同为股份制银行的交通银行则表现出了非常低的效率;再如,3家上市城商行中的北京银行效率排第二位,而宁波银行效率却非常低。

4.3.2 我国不同类型商业银行超效率比较

表10详细列出了四大国有商业银行、13家股份制商业银行、3家城市商业银行在传统DEA模型和超效率DEA模型下的技术效率、纯技术效率、规模效率平均值,并将盈利能力模型、业务扩张能力模型和人力资源模型的各项指标进行比较。从表10可以看出:(1)盈利能力方面,我国商业银行效率最高的是四大国有商业银行,传统DEA模型的技术效率均值达到了0.9863,超效率DEA模型的技术效率均值达到了1.0767,3家上市城商行在盈利能力方面高于13家股份制商业银行。(2)业务扩张能力方面,我国四大国有商业银行的效率依然最高,传统DEA模型的技术效率均值达到了0.9545,超效率DEA模型的技术效率均值达到了1.0349,但13家股份制商业银行的效率高于3家上市城商行。(3)人力资源模型中,我国四大国有商业银行的效率远远低于其他类型的银行效率,但传统DEA模型中依然有高达0.9135的纯技术效率,而超效率模型中由于工商银行和中国银行部分年份效率的不可测,其纯技术效率的均值也无法获得,但我们可以从表4中看出,除了农业银行以外,其他银行的纯技术效率都比较高。(4)纯技术效率方面,传统DEA模型中,四大国有商业银行和3家上市城商行相差不大,互有高低,并且都高于13家股份制商业银行;但超效率

第4章 三组不同投入产出指标对我国商业银行效率影响实证研究

DEA模型中，3家上市城商行在盈利能力方面的纯技术效率明显高于13家股份制商业银行，在业务扩张能力方面略高于13家股份制商业银行，在人力资源模型中略低于13家股份制商业银行；而超效率模型中，由于四大国有商业银行的纯技术效率均值无法获得，所以无法做出比较。(5)规模效率方面，传统DEA模型中，我国四大国有商业银行在盈利能力模型和业务扩张能力模型中都高于其他类型商业银行，但在人力资源模型中远远低于其他类型商业银行；超效率DEA模型中由于其纯技术效率均值无法获得，造成规模效率无法测算，但根据表4中分析的结果，即人力资源模型中四大国有商业银行有较高的纯技术效率和较低的技术效率，那么唯一的可能性就是四大国有商业银行的规模效率低下，这一结论跟传统DEA模型中的结论一致，因此规模效率低是造成该模型中四大国有商业银行效率低下的直接因素，更深层次的原因是我国四大国有商业银行人员过多和机构臃肿。

表10 DEA模型和超效率DEA模型下我国不同类型商业银行平均效率比较

银行类型	效率类型	DEA模型 盈利能力模型	DEA模型 业务扩张能力模型	DEA模型 人力资源模型	超效率DEA模型 盈利能力模型	超效率DEA模型 业务扩张能力模型	超效率DEA模型 人力资源模型
所有20家商业银行	CRS DEA	0.8973	0.9007	0.7495	0.9304	0.9711	0.7934
	VRS DEA	0.9390	0.9674	0.9039	Inf	Inf	Inf
	Scale	0.9557	0.9311	0.8288			
四大国有商业银行	CRS DEA	0.9863	0.9545	0.4660	1.0767	1.0349	0.4657
	VRS DEA	0.9963	0.9758	0.9135	Inf	Inf	Inf
	Scale	0.9895	0.9773	0.5025			
13家股份制商业银行	CRS DEA	0.8599	0.9016	0.8186	0.8744	0.9756	0.8704
	VRS DEA	0.9102	0.9604	0.8975	0.9438	1.1129	1.0531
	Scale	0.9459	0.9389	0.9139	0.9304	0.8808	0.8437
3家上市城商行	CRS DEA	0.9407	0.8250	0.8277	0.9784	0.8663	0.8966
	VRS DEA	0.9870	0.9863	0.9187	1.1084	1.1305	1.0278
	Scale	0.9530	0.8357	0.8950	0.8853	0.7670	0.8648

资料来源：根据《银行年报》(2008—2015年)计算得到。

说明：表7、表8、表9、表10中的Inf是指求解超效率模型纯技术效率时，必须把自身银行的数据从20家银行数据中剔除，从而导致了线性规划（LP）问题出现无最优可行解的情况。

4.4 本章小结

本章选取了2008—2015年的数据，使用数据包络分析方法和超效率DEA方法从三个不同的方面，选择不同的投入和产出要素分别测度了我国20家主要商业银行的效率，进而分析了每家银行的纯技术效率和规模效率。结果表明：（1）盈利能力方面，我国商业银行效率最高的是四大国有商业银行，3家上市城商行在盈利能力方面高于13家股份制商业银行。（2）业务扩张能力方面，我国四大国有商业银行的效率依然最高，但13家股份制商业银行的效率高于3家上市城商行。（3）人力资源模型中，我国四大国有商业银行的效率最低，但依然保持着比较高的纯技术效率。（4）纯技术效率方面，四大国有商业银行和3家上市城商行相差不大，都高于13家股份制商业银行。（5）规模效率方面，我国四大国有商业银行在盈利能力模型和业务扩张能力模型中都高于其他类型商业银行，但在人力资源模型中远远低于其他类型商业银行，这是造成该模型中四大国有商业银行效率低下的主要原因，更深层次的原因是我国四大国有商业银行人员过多、机构臃肿。

规模收益方面，我国四大国有商业银行大多数处在规模报酬不变或者规模报酬递减阶段，3家上市城商行大多数处在规模报酬不变或者规模报酬递增阶段。

鉴于以上的研究结果，本文提出以下几点建议：（1）13家股份制商业银行和3家上市城商行应该努力扩大经营范围，对一些超出自身能力的经营项目可以寻求与其他金融机构合作的方式，从而提升银行的盈利能力和业务扩张能力。（2）四大国有商业银行应该削减不必要的分支机构，对银行没有贡献的员工应该及时裁减，从而提升银行效率。

第5章 三组不同投入产出指标对我国商业银行生产率（效率动态变化）影响实证研究

5.1 我国商业银行全要素生产率—Malmquist 指数

5.1.1 三个不同模型下我国商业银行 Malmquist 指数分析

不管是传统 DEA 模型还是超效率 DEA 模型都只能对 20 家银行进行横向效率对比，不能测度出银行效率随时间变化的动态趋势。为了弥补这一缺陷，我们使用 Malmquist 指数详细测度了每家商业银行的全要素生产率指数，并进一步分析了与全要素生产率指数相关的各项指标。

（1）盈利能力模型马氏全要素生产率指数分析。

表11 盈利能力模型下各商业银行马氏 TFP 指数

银行名称	2008—2009	2009—2010	2010—2011	2011—2012	2012—2013	2013—2014	2014—2015
工商银行	1.171	1.095	0.978	0.936	1.016	0.965	1.02
农业银行	1.055	1.29	0.893	0.851	1.039	0.996	0.953
中国银行	1.28	1.013	0.891	0.891	1.132	0.931	1.037
建设银行	1.109	1.129	0.937	0.881	1.051	0.953	0.992
交通银行	1.047	1.03	1.032	0.986	0.944	0.946	0.951
兴业银行	1.183	1.006	0.994	0.917	0.915	0.964	0.921
华夏银行	1.07	1.107	1.03	1.072	1.024	0.939	0.945
招商银行	0.964	1.246	0.858	0.911	0.989	0.929	1.33
平安银行	0.935	1.015	0.956	0.99	0.96	1.104	1.196

续表

银行名称	2008—2009	2009—2010	2010—2011	2011—2012	2012—2013	2013—2014	2014—2015
浦发银行	0.998	1.17	0.98	0.991	0.966	0.887	0.931
民生银行	1.374	1.134	0.841	1.062	1.044	1.002	1.228
中信银行	1.154	1.089	0.925	0.823	1.028	0.829	0.948
光大银行	1.224	1.06	1.076	0.988	0.953	0.924	0.939
浙商银行	1.27	1.037	0.982	1.078	0.881	0.892	0.948
广发银行	1.093	1.214	0.894	0.958	1.511	0.641	1.095
恒丰银行	1.264	0.941	1.228	0.994	0.908	0.92	0.902
渤海银行	1.058	1.092	1.711	0.775	1.013	0.94	0.933
北京银行	1.114	0.911	0.944	0.946	1.005	0.965	0.867
南京银行	1.026	0.951	0.953	1.015	0.99	0.843	0.966
宁波银行	1.201	0.845	0.996	1.06	0.952	0.958	0.899
效率增长银行数	17	16	5	5	10	2	6
效率下降银行数	3	4	15	15	10	18	14

从表11可以看出，在2008—2015年整个期间内，该模型中我国商业银行效率增长呈现波浪形，有些年份的银行效率上升（Malmquist指数大于1），有些年份的银行效率下降（Malmquist指数小于1）。2008—2009、2009—2010年度效率增长银行数分别为17家和16家，远远超过银行总数的一半以上，银行效率呈明显的上升趋势。2010—2011、2011—2012年度效率增长银行数都只有5家，只占银行总数的四分之一，银行效率呈明显的下降趋势。2012—2013年度效率增长银行数10家，刚好占银行总数的一半，银行效率增长趋势不明显（后续会给出具体上升还是下降的结论），但从表面上看似乎呈上升趋势，广发银行在该年度的马氏全要素生产率指数达到了1.511。2013—2014、2014—2015年度效率增长银行数分别为2家和6家，呈明显的下降趋势。

(2) 业务扩张能力模型马氏全要素生产率指数分析。

表 12　业务扩张能力模型各商业银行马氏 TFP 指数

银行名称	2008—2009	2009—2010	2010—2011	2011—2012	2012—2013	2013—2014	2014—2015
工商银行	1.451	1.061	1.038	0.922	1.055	0.956	1.035
农业银行	1.454	1.177	0.819	0.844	1.053	0.987	1.023
中国银行	1.324	1.001	0.894	0.888	1.106	0.938	1.027
建设银行	1.37	1.11	0.956	0.873	1.078	0.944	1.04
交通银行	1.322	1.008	0.973	0.951	0.967	0.942	0.93
兴业银行	1.495	0.905	1.266	1.11	1.268	0.967	0.967
华夏银行	1.367	0.937	0.9	1.079	1.079	0.912	1.087
招商银行	1.34	1.061	0.924	0.942	1.033	0.913	1.273
平安银行	1.288	0.846	1.014	0.998	1.165	1.275	1.166
浦发银行	1.245	1.074	0.876	0.967	1.019	0.889	0.928
民生银行	1.637	0.892	1.239	0.985	0.915	1.097	1.235
中信银行	1.65	1.007	0.892	0.89	0.995	0.918	1.103
光大银行	1.753	0.878	0.95	0.901	1.074	0.916	1.013
浙商银行	1.469	0.924	0.911	1.053	1.03	0.874	0.905
广发银行	1.357	1.007	0.921	1.029	1.42	0.654	1.074
恒丰银行	1.713	0.682	1.389	0.772	1.025	1.069	0.856
渤海银行	1.363	0.944	1.72	0.691	0.883	0.878	1.091
北京银行	1.459	0.886	0.959	0.881	1.115	0.905	0.931
南京银行	0.972	0.93	0.922	1.056	0.978	0.788	0.993
宁波银行	1.466	0.803	1.01	0.911	0.925	0.978	0.993
效率增长银行数	14	9	7	5	14	3	12
效率下降银行数	1	11	13	15	6	17	8

从表 12 可以看出，在 2008—2015 年整个期间内，该模型中我国商业银行效率增长也呈现波浪形，这点与盈利能力模型相似，但银行

效率上升和下降期间存在差异。2008—2009、2012—2013、2014—2015年度效率增长银行数分别为14家、14家、12家，银行效率呈比较明显的上升趋势。2011—2012、2013—2014年度效率增长银行数分别为5家和3家，银行效率呈比较明显的下降趋势。2009—2010年度效率增长银行数为9家，低于半数，而且该年度各家银行马氏TFP指数相差不大，初步判断呈下降趋势。2010—2011年度效率增长银行数为7家，低于半数，表面看似乎呈现下降趋势，但该年度有好几家马氏TFP指数异常的高，兴业银行和民生银行马氏TFP指数超过了1.2，恒丰银行超过了1.3，渤海银行的马氏TFP指数高达1.72，所以暂时无法判断该年度的效率增长情况，我们会在后续给出具体上升还是下降的结论。

（3）人力资源模型马氏全要素生产率指数分析。

表13 人力资源模型下各商业银行马氏TFP指数

银行名称	2008—2009	2009—2010	2010—2011	2011—2012	2012—2013	2013—2014	2014—2015
工商银行	1.117	1.197	1.305	1.049	1.19	1.078	1.034
农业银行	1.281	1.143	1.338	1.106	1.069	1.118	1.035
中国银行	1.065	1.062	1.164	1.147	1.106	1.002	1.055
建设银行	1.108	1.212	1.195	1.077	1.067	1.108	1.066
交通银行	1.117	1.235	1.187	1.076	1.151	1.125	1.113
兴业银行	0.977	1.1	1.19	1.259	1.056	0.783	1.194
华夏银行	0.862	1.247	1.164	1.033	0.975	1.083	0.868
招商银行	0.965	1.215	1.295	1.058	0.98	1.179	1.023
平安银行	0.979	1.099	1.559	0.873	1.054	1.07	1.396
浦发银行	0.905	1.283	1.061	1.078	1.041	0.94	1.134
民生银行	1.307	0.951	1.413	1.063	1.003	1.067	1.056
中信银行	0.878	1.081	1.264	1.025	0.984	1.071	1.095
光大银行	1.034	1.158	1.055	1.171	1.041	1.115	1.162
浙商银行	1.025	0.97	1.389	0.978	1.066	1.179	1.288
广发银行	0.878	1.298	1.172	1.092	2.401	0.795	1.114

续表

银行名称	2008—2009	2009—2010	2010—2011	2011—2012	2012—2013	2013—2014	2014—2015
恒丰银行	0.741	1.776	1.762	0.959	1.26	0.869	0.881
渤海银行	0.89	1.442	2.186	0.822	1.113	1.029	0.822
北京银行	0.932	1.157	1.192	1.175	0.983	1.017	0.921
南京银行	0.815	1.264	1.19	1.135	0.991	1.244	1.251
宁波银行	1.022	1.165	1.099	1.168	1.027	1.002	1
效率增长银行数	9	18	20	16	15	16	15
效率下降银行数	11	2	0	4	5	4	4
效率不变银行数	0	0	0	0	0	0	1

从表13可以看出，在整个2008—2015年期间内，除了2008—2009年度，该模型中其他所有年度区间的效率增长银行数都远远超过半数，尤其是2010—2011年度，全部20家银行的马氏TFP指数都大于1，银行效率都呈现明显的上升趋势。即便是2008—2009年度，其效率增长银行数也有9家，接近一半。这与近些年来银行业的行情有很大关系，尤其是四大国有商业银行纷纷裁员，减少不必要的员工和分支机构，取而代之的是先进的仪器和设备，大大减少了银行的人员开支和固定资产投入，使银行效率得到有效提升。

（4）不同模型下我国商业银行Malmquist指数总结。

表14 Malmquist指数每年几何平均值总结

模型	year	c	t	v	s	tp
盈利能力模型	2008—2009	1.038	1.082	1.019	1.019	1.124
	2009—2010	1.039	1.023	1.007	1.031	1.063
	2010—2011	1.044	0.95	1.02	1.024	0.992
	2011—2012	1.002	0.951	1.005	0.997	0.953
	2012—2013	0.998	1.012	1.002	0.995	1.009
	2013—2014	0.971	0.949	0.985	0.986	0.922
	2014—2015	0.945	1.052	0.976	0.968	0.994
	mean	1.005	1.002	1.002	1.003	1.006

续表

模型	year	c	t	v	s	tp
业务扩张能力模型	2008—2009	1.011	1.399	1.025	0.986	1.414
	2009—2010	0.999	0.951	0.991	1.008	0.95
	2010—2011	1.029	0.982	1.018	1.011	1.011
	2011—2012	0.998	0.933	1.012	0.986	0.931
	2012—2013	0.967	1.089	0.982	0.985	1.053
	2013—2014	0.991	0.941	1.012	0.98	0.933
	2014—2015	0.964	1.067	0.978	0.985	1.028
	mean	0.994	1.042	1.002	0.992	1.035
人力资源模型	2008—2009	0.889	1.108	0.983	0.904	0.985
	2009—2010	1.203	0.99	1.03	1.168	1.192
	2010—2011	0.879	1.465	0.997	0.882	1.288
	2011—2012	1.022	1.039	0.984	1.039	1.062
	2012—2013	0.996	1.107	1.033	0.965	1.103
	2013—2014	1.056	0.982	0.995	1.061	1.036
	2014—2015	1.022	1.044	0.993	1.029	1.066
	mean	1.005	1.095	1.002	1.003	1.101

资料来源：表11、表12、表13、表14都根据《银行年报》（2008—2015年）计算得到。

说明：表中 c 是指技术效率变化（相对于CRS技术），t 是指技术变化，v 是指纯技术效率变化（相对于VRS技术），s 是指规模效率变化，tp 是指全要素生产率变化。

表14列出了2008—2015年期间内每个年度的马氏全要素生产率指数及其与马氏TFP指数有关联的各种指标或者各种有关联的影响因素。并列出了每个指标的几何平均值。从表14可以看出，盈利能力模型中的马氏TFP指数呈现波浪形变化，银行效率上升（Malmquist指数大于1）的年度期间有2008—2009年、2009—2010年、2012—2013年；银行效率下降的年度期间有2010—2011年、2011—2012年、2013—2014年和2014—2015年。这一结论与表7中的结论一致。另

外，虽然每个年度期间内的银行效率既有上升又有下降，但是整个年度期间内马氏 TFP 指数的几何平均值为 1.006，大于 1，表示 20 家商业银行总体盈利能力比以前有了较小的提高。与马氏 TFP 指数相关的各项指标的指数都略微大于 1，表示银行盈利能力的提升归因于纯技术效率、规模效率和技术变化的共同提高。

业务扩张能力模型中的马氏 TFP 指数也呈现波浪形变化，银行效率上升的年度期间有 2008—2009 年、2010—2011 年、2012—2013 年、2014—2015 年；银行效率下降的年度期间有 2009—2010 年、2011—2012 年、2013—2014 年。这一结论与表 8 中的结论一致。另外，虽然每个年度内的银行效率有上升也有下降，但是整个年度期间内马氏 TFP 指数的几何平均值为 1.035，这个指数比盈利能力模型中的平均马氏 TFP 指数高，表示 20 家商业银行总体业务扩张能力比以前有了比较可观的提升，提升的幅度高于盈利能力。因为该模型中的规模效率变化指数均值是 0.992，小于 1，尽管纯技术效率变化指数均值（1.002）稍微大于 1，但是不足以抵消规模效率的下降，从而导致了技术效率变化指数均值（0.994）小于 1。因此，整个年度期间内业务扩张能力的提升主要归因于技术进步，从表中可以清楚地看到技术变化指数均值为 1.042，这个数值比马氏 TFP 指数的均值还大。

人力资源模型中的马氏 TFP 指数除了 2008—2009 年度略小于 1 以外，其他年度都明显大于 1，这一结论与表 14 中的结论一致。这导致了该模型中非常高的平均马氏 TFP 指数，达到了 1.101。再看与马氏 TFP 指数相关的各个指标，纯技术效率变化指数均值 1.002，规模效率变化指数均值 1.003，这两个指标的共同作用造就了 1.005 的技术效率变化指数均值。而技术变化指数均值达到了 1.095，远远高于技术效率变化指数均值，因此马氏 TFP 指数多出的 10 个百分点中，只有 0.5 个百分点是由技术效率提升引起的，其他的 9.5 个百分点主要是由于技术进步。这正如我们之前所分析的，近年来大量银行纷纷裁员，银行对人员的配置合理性比以前有了一定提高，从而提升了技术效率。取而代之的是先进的机器设备和计算机管理，从而技术进步大大提高了，员工和各个分支机构创造收益的能力也有了显著提升。

5.1.2 不同银行之间 Malmquist 指数对比分析

表15 Malmquist 指数各家银行几何平均值总结

模型	银行名称	c	t	v	s	tp	银行名称	c	t	v	s	tp
盈利能力模型	工商银行	1.012	1.011	1	1.012	1.023	民生银行	1.052	1.033	1.043	1.008	1.086
	农业银行	1.019	0.984	1.011	1.009	1.003	中信银行	0.974	0.989	0.968	1.006	0.964
	中国银行	0.994	1.023	1	0.994	1.017	光大银行	1.011	1.008	0.996	1.015	1.019
	建设银行	1.007	0.997	1	1.007	1.004	浙商银行	1.009	0.996	1.008	1.001	1.005
	交通银行	0.987	1.003	0.978	1.009	0.99	广发银行	1.012	1.014	1.018	0.994	1.027
	兴业银行	0.99	0.992	0.977	1.013	0.982	恒丰银行	1.005	1.008	1.038	0.968	1.013
	华夏银行	1.05	0.976	1.035	1.015	1.025	渤海银行	1.033	1.012	1	1.033	1.045
	招商银行	1	1.02	1	1	1.02	北京银行	0.979	0.982	0.989	0.99	0.962
	平安银行	1	1.019	1	1	1.019	南京银行	0.973	0.988	0.994	0.979	0.962
	浦发银行	1	0.986	0.985	1.015	0.986	宁波银行	0.989	0.992	1	0.989	0.982
	mean							1.005	1.002	1.002	1.003	1.006
业务扩张能力模型	工商银行	1.018	1.044	1	1.018	1.063	民生银行	1.011	1.108	1	1.011	1.12
	农业银行	1.029	1.004	1.006	1.023	1.033	中信银行	1.011	1.03	1.011	1	1.041
	中国银行	1	1.016	1	1	1.016	光大银行	1.02	1.019	1.021	0.999	1.04
	建设银行	1.015	1.028	1	1.015	1.043	浙商银行	0.971	1.039	1.006	0.966	1.009
	交通银行	0.997	1.01	0.99	1.007	1.006	广发银行	0.973	1.066	0.979	0.994	1.037
	兴业银行	0.976	1.151	1.003	0.973	1.123	恒丰银行	0.981	1.043	1.016	0.965	1.023
	华夏银行	1.051	0.991	1.055	0.997	1.042	渤海银行	0.963	1.077	1	0.963	1.038
	招商银行	1	1.058	1	1	1.058	北京银行	1	1.004	1	1	1.004
	平安银行	1	1.097	1	1	1.097	南京银行	0.921	1.027	0.961	0.957	0.945
	浦发银行	0.982	1.011	0.989	0.992	0.993	宁波银行	0.968	1.029	1.013	0.956	0.996
	mean							0.994	1.042	1.002	0.992	1.035

续表

模型	银行名称	c	t	v	s	tp	银行名称	c	t	v	s	tp
人力资源模型	工商银行	1.013	1.12	1	1.013	1.135	民生银行	1	1.113	1	1	1.113
	农业银行	1.059	1.087	1.022	1.036	1.151	中信银行	0.994	1.057	0.997	0.998	1.051
	中国银行	0.926	1.171	1	0.926	1.085	光大银行	1.016	1.086	1.013	1.003	1.103
	建设银行	1.002	1.115	1	1.002	1.118	浙商银行	1.026	1.09	1	1.026	1.118
	交通银行	1.037	1.102	1.003	1.033	1.143	广发银行	1.042	1.129	1.034	1.008	1.175
	兴业银行	1.031	1.037	1.029	1.002	1.069	恒丰银行	0.992	1.124	0.981	1.011	1.115
	华夏银行	0.959	1.068	0.978	0.981	1.024	渤海银行	0.961	1.163	0.962	0.999	1.117
	招商银行	1	1.095	1	1	1.096	北京银行	0.998	1.05	1	0.998	1.048
	平安银行	1.045	1.078	1.037	1.008	1.127	南京银行	1	1.115	1	1	1.115
	浦发银行	1.014	1.042	1	1.014	1.057	宁波银行	0.99	1.077	0.99	1	1.067
	mean							1.005	1.095	1.002	1.003	1.101

资料来源：根据《银行年报》（2008—2015年）计算得到。

说明：表中 c 是指技术效率变化（相对于 CRS 技术），t 是指技术变化，v 是指纯技术效率变化（相对于 VRS 技术），s 是指规模效率变化，tp 是指全要素生产率变化。

表15列出了不同模型下每家商业银行马氏 TFP 指数及其与马氏 TFP 指数相关的各项指标。

总览整个表格，绝大多数的指数都大于1，即使小于1的指数也很接近1。盈利能力模型中，有13家银行的马氏 TFP 指数大于1，接近银行总数的三分之二，最高的是民生银行，其次是渤海银行。业务扩张能力模型中，只有3家银行的马氏 TFP 指数小于1，比例只有15%，指数最高的是兴业银行和民生银行，其次是平安银行，再次是工商银行和招商银行。人力资源模型中，所有20家银行的马氏 TFP 指数都大于1，各家银行员工和分支机构创造收益的能力都有明显提升，再次验证了我们之前的结论。人力资源模型中指数排名前七位的银行约占 20 家银行总数的三分之一，7 家银行中有 3 家属于四大国有商业银行。这充分说明，四大国有商行的马氏 TFP 指数相对于其他类型的商业银行来说发生了更大的变化。由此可见，我国四大国有商业银行近年来在人员过多、机构臃肿方面得到了一定程度的缓解。

5.2 本章小结

本章选取了 2008—2015 年的数据，使用 Malmquist 指数方法从三个不同的方面，选择不同的投入指标和产出指标分别测度了我国 20 家主要商业银行的 TFP 指数。结论如下：（1）人力资源模型中规模效率低是造成四大国有商业银行效率低下的主要因素，更深层次的原因是我国四大国有商业银行人员过多、机构臃肿，但从马氏 TFP 指数可以看出，近些年来这一问题有所缓解。（2）盈利能力模型和业务扩张能力模型的马氏 TFP 指数呈波浪形，但银行盈利能力的提升归因于纯技术效率、规模效率和技术变化的共同提高，而业务扩张能力的提升主要归因于技术进步。人力资源模型中的马氏 TFP 指数非常高，技术效率起了一定的作用，但主要原因是技术进步。

鉴于以上的研究结果，本文提出以下建议：四大国有商业银行应该削减不必要的分支机构，对银行没有贡献的员工应该及时裁减，从而提升银行效率。尽管这些年来人员过多和机构臃肿的问题有了一定的缓解，但这主要归因于技术进步，合理分配劳动力和资源以提升技术效率也是解决这一问题的重要手段。

第6章 我国商业银行资源（投入产出指标[①]）利用有效性及其对银行效率的影响

6.1 引言

在本章开始之前，先明确一下概念，以避免不必要的混淆。本章所说的我国商业银行资源利用有效性其实就是各种投入产出指标的利用有效性，银行资源对效率的影响其实就是银行各种投入产出指标对效率的影响。本文构造的三个模型，实际上就是三组不同的投入产出指标上的不同而已。我们选取的三组投入产出指标也正是我国商业银行最重要的资源，其中投入指标有：利息支出、营业支出、固定资产净值、员工人数和机构数；产出指标有：利息净收入、非利息（净）收入、总贷款。

我国金融业发展迅速，金融业的发达程度决定了一个国家的经济发展水平和其在国际上的地位。银行不但是我国金融业的三大主体之一，更是整个金融业的基础。随着股份制改革的逐步完成，我国银行业的类型也不再局限于四大国有商业银行，政策性银行单独行使其信贷功能，股份制银行和城市商业银行给国有银行提出了强有力的挑战。与此同时，各大国外银行纷纷进驻中国，有些地区还出现了比较有竞争力的民营银行。随着利率市场化进程的不断推进，银行的主要收入来源利息差也受到了很大冲击。因此，各大银行纷纷裁员，削减不必要的分支机构，一方面，加强自身管理以提高银行效率；另一方面，合理利用资源以达到资源的有效配置。节省资源并不是简单的少用资

[①] 是指三个模型中所有投入产出指标（共三组）。

源，这反而会限制银行的业务扩张，我们希望在同样的经济利益下减少不必要的投入，或者在同样的投入下创造更多的收益，即有效地利用资源。近些年来我国商业银行的效率有了不同程度的提高，但是在资源配置方面仍然存在很大问题，这无疑增加了资源浪费，如何有效利用资源成为各家银行的难题。尤其是我国四大国有商业银行，虽然股份制改革已经基本完成，但是长期的计划体制延续下来的遗留问题很多都得不到解决，比较明显的是，我国四大国有商业银行员工人数占总投入的比例要远远超过其他类型的商业银行。因此，提高我国商业银行的效率，在现有的投入水平下创造更多的收益就变得非常重要，而首先要解决的就是我国商业银行的资源配置问题，从而有效地利用资源，避免不必要的浪费。我国不同类型的商业银行在资源配置方面存在很大差异性，国有商业银行在盈利能力方面很突出，但是过多的员工又造成了很大的浪费；股份制商业银行和城市商业银行虽然受到此问题的困扰相对小，但其他方面的支出比例不尽合理。在此背景下，深入研究我国商业银行的效率及其利用资源的有效性有非常重要的理论意义和现实意义。

6.2　DEA 模型中的径向调整和松弛调整

6.2.1　DEA 模型中的径向调整

径向调整是银行技术无效率引起的，当某家银行没有处于 DEA 模型前沿面时，该家银行的数据点离前沿面就会有一段距离。这时，同比例地减少各投入要素的投入量就会缩小该点与前沿面的距离，直到该数据点落在前沿面上为止。我们以两投入一产出的 CRS 模型为例加以说明，如图 2 所示。

位于 E 点的银行技术无效率，技术效率值 = OE1/OE，很显然，E 点离前沿面越近，该银行的技术效率越高。当该家银行同比例地减少投入要素 x1 和投入要素 x2 时，E 点沿线段 OE 向 O 点移动，当 E 点移动到 E1 点时，银行技术有效，或者说此时银行的技术效率等于 1。

而 E1 点正好处于 DEA 模型的前沿面，此时，位于 E 点的银行和位于 E1 点的银行具有相同的产出。而线段 EE1 就是额外的投入，它并没有得到更多的产出，这就是径向调整。

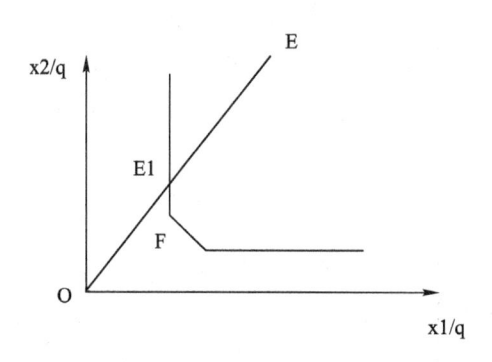

图 2　两投入一产出 DEA 模型中的径向调整和松弛调整

6.2.2　DEA 模型中的松弛调整

松弛调整是银行同比例地减少各投入要素，并投影到 DEA 模型中的前沿面，此时，至少有一种投入要素没有剩余，而其他的某一种或者几种要素仍有剩余，就会产生松弛调整。它是由资源配置的无效性引起的，是银行资源的完全浪费。我们仍以两投入一产出的 CRS 模型加以说明，如图 2 所示。

当位于 E 点的银行投影到 DEA 模型前沿面 E1 点时，投入要素 x1 没有剩余，此时，继续减少投入要素 x2，仍然可以获得相同的产出，E1 点沿着前沿面向 F 点移动，线段 E1F 就是松弛调整量。从图形上来看，DEA 模型前沿面是由多条分段线性函数连接而成的，这样就会出现各个线性函数与坐标轴相平行的情况，松弛调整由此产生了。

6.2.3　松弛调整中的产出不足问题

我们以单投入单产出 DEA 模型来说明产出调整问题，如图 3 所示。

射线 OD 表示 CRS 前沿，折线 HAREF 表示 VRS 前沿。由于 CRS 模型中不存在与纵轴平行的部分，所以不存在松弛调整问题，但在

VRS 模型中，线段 HA 与纵轴平行，松弛调整问题由此出现了。例如位于 P 点的银行，在 VRS 前沿上的投影是 Q 点，此时，该家银行本来不需要增加额外的投入就可以获得 HA 的产出，但是该家银行只获得了 HQ 的产出，线段 QA 就是产出松弛调整量，即产出不足。

值得说明的是，图 3 只是为了说明问题而使用的单投入单产出 DEA 模型。如果是多投入多产出 DEA 模型，不管是 CRS 前沿还是 VRS 前沿都会出现松弛调整量。

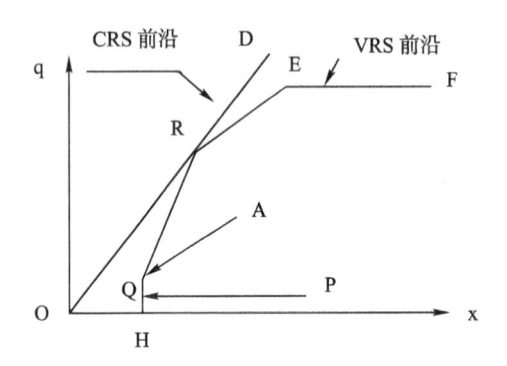

图 3 单投入单产出 DEA 模型中的产出松弛调整

6.2.4 径向调整和松弛调整求解

我们以投入导向型 DEA 模型为例说明各调整变量的求解问题。首先，正如之前所讨论，径向调整是由于银行技术无效率而产生，因此，在使用 CRS 求解银行技术效率和使用 VRS 求解银行的纯技术效率时就可以得到径向调整量。我们着重讨论松弛调整的求解问题。求解松弛调整的方法很多，这里主要介绍与本文相关的求解方法。

（1）一阶段法。

此方法只需要在模型的约束条件中增加松弛变量，而目标函数不增加松弛变量即可。很多情况下，一阶段方法能够求解出正确的松弛变量值，但是，这种方法不能保证一定能求出。例如：在图 2 中，E 点的投影 E1 点所处的平行于纵轴的前沿面上存在两个有效单元，这时，采用一阶段法无法求解出 x2/q 的松弛调整量。

(2) 两阶段法。

为了确保对有效前沿点的识别，我们在目标函数中增加投入和产出的松弛变量，由此得到投入导向型 DEA 模型的如下线性规划（LP）问题：

$$\min_{\lambda, OS, IS} -(M1'OS + N1'IS)$$
$$st \quad -q_i + Q\lambda - OS = 0$$
$$\theta x_i - X\lambda - IS = 0$$
$$\lambda \geq 0, \ OS \geq 0, \ IS \geq 0 \quad (1)$$

其中，OS 表示产出松弛的 $M \times 1$ 向量，IS 表示投入松弛的 $N \times 1$ 向量，$M1$ 与 $N1$ 分别表示 $M \times 1$ 向量与 $N \times 1$ 向量。值得注意的是，第二阶段 LP 中的 θ 不是变量，而是第一阶段的解。并且该两阶段 LP 必须对所有银行中的每一家银行进行求解。

(3) 多阶段法。

两阶段法主要存在两个问题：①对松弛总量不是最大化而是最小化。因此，识别出来的不是最近有效点，而是最远有效点。②线性规划对测量单位不具有不变性。测量单位的改变会导致不同的效率边界点，所以松弛量和 λ 也会不同。对于上述提到的简单问题，上述两点不影响求解。如果松弛问题发生在两个或者两个方向以上时，上述问题具有相关性。为了避免上述问题，我们使用多阶段法。此方法需要求解一系列径向 DEA 模型，它的优点在于，可以类似于识别那些无效点，来识别出具有投入与产出混合的有效投影点，并且不随测量单位的变化而变化。本文采用的就是这种方法。

6.3 我国商业银行资源（投入产出指标）利用有效性研究

6.3.1 2015 年度我国商业银行效率表

表 16 详细列出了我国 20 家主要商业银行的技术效率、纯技术效率和规模效率，并将三种不同模型的各项指标进行比较。从表 16 中可以看出：（1）在三种模型中，13 家股份制商业银行和 3 家上市城商行

▲ 不同投入产出指标对我国商业银行效率的影响

不管是技术效率、纯技术效率还是规模效率相差都不大,并且互有高低。(2)我国四大国有商业银行在盈利能力和业务扩张能力方面有极高的技术效率、纯技术效率和规模效率,并且都高于其他类型的商业银行。(3)人力资源模型中,我国四大国有商业银行的技术效率很低,远远低于其他类型的商业银行,但是,纯技术效率除了农业银行外依然很高,说明造成技术效率低下的主要原因是规模效率极低,从表16可以清楚地看到这一结论,这表明我国四大国有商业银行人员过多、机构臃肿的问题还是没有得到根本解决。(4)人力资源模型中,农业银行的纯技术效率和规模效率都很低,从而导致了极低的技术效率,其值只有0.322,远远低于其他商业银行,居所有20家商业银行的最后一位。

表16 2015年度不同模型中我国商业银行效率

银行名称	盈利能力模型			业务扩张能力模型			人力资源模型		
	CRS	VRS	Scale	CRS	VRS	Scale	CRS	VRS	Scale
工商银行	1	1	1	1	1	1	0.489	1	0.489
农业银行	1	1	1	0.918	0.922	0.995	0.322	0.688	0.467
中国银行	0.958	1	0.958	1	1	1	0.512	1	0.512
建设银行	1	1	1	1	1	1	0.518	1	0.518
交通银行	0.795	0.833	0.955	0.923	0.933	0.989	0.685	0.837	0.819
兴业银行	0.781	0.802	0.974	0.682	0.844	0.808	0.968	1	0.968
华夏银行	0.842	0.887	0.95	0.956	1	0.956	0.552	0.641	0.86
招商银行	1	1	1	1	1	1	1	1	1
平安银行	1	1	1	1	1	1	1	1	1
浦发银行	0.849	0.855	0.994	0.879	0.913	0.963	0.987	1	0.987
民生银行	1	1	1	1	1	1	1	1	1
中信银行	0.737	0.756	0.974	1	1	1	0.898	0.974	0.922
光大银行	0.752	0.776	0.969	0.896	0.91	0.986	0.793	0.813	0.977
浙商银行	0.74	0.887	0.835	0.669	1	0.669	1	1	1
广发银行	0.754	0.837	0.901	0.762	0.837	0.91	0.785	0.827	0.949
恒丰银行	0.725	0.978	0.741	0.654	0.978	0.668	0.811	0.92	0.881

续表

银行名称	盈利能力模型			业务扩张能力模型			人力资源模型		
	CRS	VRS	Scale	CRS	VRS	Scale	CRS	VRS	Scale
渤海银行	0.756	1	0.756	0.702	1	0.702	0.755	0.922	0.819
北京银行	0.864	0.936	0.923	0.999	1	0.999	0.988	1	0.988
南京银行	0.826	0.966	0.856	0.56	0.886	0.633	1	1	1
宁波银行	0.826	1	0.826	0.674	1	0.674	0.632	0.726	0.87

资料来源：根据《银行年报》（2015年）计算得到。

6.3.2 我国商业银行资源（投入产出指标）利用有效性分析

表17、表18和表19详细列出了三种不同模型中每家银行各投入要素和产出要素的径向调整量和松弛调整量。CRS是指投入与产出要素之间的最佳配置状态，本文采用的是投入导向型DEA，因此本文中的CRS是指每家银行在相同的产出下生产单元理想的最小可能性投入与实际投入之间的比率。若某家银行的CRS等于1，不仅表示该家银行的资源配置比例达到最佳，还表示该家银行以最优的生产规模在运行，换句话说，该家银行目前的规模能最有效地利用现在的投入。VRS是银行由于管理和技术等因素所影响的生产效率。若某家银行的VRS等于1，表示该家银行的管理水平和技术水平已经足够好，通过提高管理水平和技术水平已经无法提高该家银行的效率。另外，某家银行的VRS等于1还说明该家银行的径向调整量和松弛调整量都等于0，即按照该家银行目前的管理水平和技术水平而言，现在的投入要素比例是最合适的；如果目前的投入没有得到最有效的利用，唯一的原因是银行没有在最优规模上运行。Scale是银行由于规模因素所影响的生产效率。若某家银行的Scale等于1，表示该家银行目前的规模能使投入要素得到最充分的利用，通过改变银行规模已经无法提高该家银行的效率；如果目前的投入没有得到最有效的利用，一种可能是该家银行的管理水平和技术水平还有待提高，即径向调整，另一种可能是投入要素的比例不恰当，存在纯粹的资源浪费，即松弛调整。

不同投入产出指标对我国商业银行效率的影响

表17 2015年度盈利能力模型下我国商业银行径向调整和松弛调整

银行名称	VRS	投入要素				产出要素			
		利息支出		营业支出		利息净收入		非利息净收入	
		径向	松弛	径向	松弛	径向	松弛	径向	松弛
工商银行	1	—	—	—	—	—	—	—	—
农业银行	1	—	—	—	—	—	—	—	—
中国银行	1	—	—	—	—	—	—	—	—
建设银行	1	—	—	—	—	—	—	—	—
交通银行	0.833	26915	15760	18080	0	0	0	0	8634
兴业银行	0.802	26922	7374	18102	0	0	0	0	14977
华夏银行	0.887	5133	0	3847	0	0	0	0	3213
招商银行	1	—	—	—	—	—	—	—	—
平安银行	1	—	—	—	—	—	—	—	—
浦发银行	0.855	16757	1255	11703	0	0	0	0	13483
民生银行	1	—	—	—	—	—	—	—	—
中信银行	0.756	27106	0	22054	0	0	0	0	0
光大银行	0.776	16876	0	12061	0	0	0	0	0
浙商银行	0.887	3033	0	1779	0	0	0	0	1704
广发银行	0.837	8942	0	7120	0	0	18057	0	0
恒丰银行	0.978	729	12809	299	0	0	1670	0	0
渤海银行	1	—	—	—	—	—	—	—	—
北京银行	0.936	2769	0	1473	0	0	0	0	5673
南京银行	0.966	675	0	478	0	0	0	0	1261
宁波银行	1	—	—	—	—	—	—	—	—

资料来源：根据《银行年报》（2015年）计算得到。

第6章 我国商业银行资源（投入产出指标）利用有效性及其对银行效率的影响

表18　2015年度业务扩张能力模型下我国商业银行径向调整和松弛调整

银行名称	VRS	投入要素						产出要素			
		利息支出		营业支出		固定资产净值		总贷款		非利息净收入	
		径向	松弛	径向	松弛	径向	松弛	径向	松弛	径向	松弛
工商银行	1	–	–	–	–	–	–	–	–	–	–
农业银行	0.922	22518	0	23579	16440	12141	8545	0	0	0	25313
中国银行	1	–	–	–	–	–	–	–	–	–	–
建设银行	1	–	–	–	–	–	–	–	–	–	–
交通银行	0.933	10742	21213	7216	0	5229	5755	0	0	0	7057
兴业银行	0.844	21270	29717	14302	17404	1776	0	0	0	0	114
华夏银行	1	–	–	–	–	–	–	–	–	–	–
招商银行	1	–	–	–	–	–	–	–	–	–	–
平安银行	1	–	–	–	–	–	–	–	–	–	–
浦发银行	0.913	10023	7668	7000	0	1658	0	0	0	0	7007
民生银行	1	–	–	–	–	–	–	–	–	–	–
中信银行	1	–	–	–	–	–	–	–	–	–	–
光大银行	0.91	6823	0	4876	0	1144	0	0	0	0	0
浙商银行	1	–	–	–	–	–	–	–	–	–	–
广发银行	0.837	8942	0	7120	0	1790	1593	0	94772	0	0
恒丰银行	0.978	729	12809	299	0	99	945	0	21088	0	0
渤海银行	1	–	–	–	–	–	–	–	–	–	–
北京银行	1	–	–	–	–	–	–	–	–	–	–
南京银行	0.886	2233	0	1582	321	429	0	0	14660	0	0
宁波银行	1	–	–	–	–	–	–	–	–	–	–

资料来源：根据《银行年报》（2015年）计算得到。

不同投入产出指标对我国商业银行效率的影响

表19 2015年度人力资源模型下我国商业银行径向调整和松弛调整

银行名称	VRS	投入要素 员工人数 径向	投入要素 员工人数 松弛	投入要素 机构数 径向	投入要素 机构数 松弛	产出要素 利息净收入 径向	产出要素 利息净收入 松弛	产出要素 非利息净收入 径向	产出要素 非利息净收入 松弛
工商银行	1	—	—	—	—	—	—	—	—
农业银行	0.688	160414	0	7382	2211	0	0	0	40194
中国银行	1	—	—	—	—	—	—	—	—
建设银行	1	—	—	—	—	—	—	—	—
交通银行	0.837	14933	0	522	150	0	0	0	0
兴业银行	1	—	—	—	—	—	—	—	—
华夏银行	0.641	12205	0	283	0	0	0	0	3210
招商银行	1	—	—	—	—	—	—	—	—
平安银行	1	—	—	—	—	—	—	—	—
浦发银行	1	—	—	—	—	—	—	—	—
民生银行	1	—	—	—	—	—	—	—	—
中信银行	0.974	1486	0	36	0	0	0	0	4403
光大银行	0.813	7559	0	196	0	0	0	0	0
浙商银行	1	—	—	—	—	—	—	—	—
广发银行	0.827	5626	0	131	0	0	20438	0	0
恒丰银行	0.92	764	0	40	217	0	3505	0	0
渤海银行	0.922	592	0	18	66	0	3401	0	950
北京银行	1	—	—	—	—	—	—	—	—
南京银行	1	—	—	—	—	—	—	—	—
宁波银行	0.726	2632	0	78	61	0	3212	0	103

资料来源：根据《银行年报》（2015年）计算得到。

（1）盈利能力模型资源利用有效性分析。

从表17可以看出，除四大国有商业银行以外，其他银行在投入和产出方面都不同程度地存在着径向调整量或者松弛调整量。从投入角度来看，大多数股份制银行和上市城商行在利息支出方面都同时存在着径向调整量和松弛调整量。交通银行的径向调整量和松弛调整量都

▲ 第6章 我国商业银行资源（投入产出指标）利用有效性及其对银行效率的影响

很大，径向调整量为26915，松弛调整量为15760。另外兴业银行、浦发银行和恒丰银行也有比较大的径向调整量和松弛调整量。中信银行的松弛调整量虽然为0，但是径向调整量为27106，是所有银行中径向调整量最大的。说明利息支出存在很大的资源浪费，既可以通过提高管理水平和技术水平来减少利息支出，又可以单方面减少利息支出以避免纯粹的资源浪费。营业支出存在很大的径向调整量，而松弛调整量都为0，说明营业支出的资源浪费主要是由于管理水平和技术水平无效性引起。从技术角度来讲，营业支出的松弛调整量必然为0，因为此模型中只有两种投入要素，按照径向调整的定义知道，只要按照投入要素同比例地调整，必然会有一种投入要素被完全利用。此模型中，营业支出恰好被完全利用，这也说明了营业支出的资源浪费程度没有利息支出大。从产出角度来看，除广发银行和恒丰银行在利息净收入方面存在松弛调整量（产出不足），广发银行为18057，说明广发银行在利息净收入方面有明显的产出不足。但是恒丰银行只有1670，有轻微的产出不足。而其他银行都获得了理想产出，总体来说，我国各商业银行在利息净收入方面的成效还是不错的。大多数股份制银行和上市城商行在非利息净收入方面都存在较大的松弛调整量（产出不足）。兴业银行为14977，浦发银行为13483，分居所有银行的第一位和第二位。说明股份制改革和利率市场化虽然在一定程度上压榨了利息差，使得非利息收入占银行总收入的比重有所提高，但仍有很大的增长空间。从技术角度来讲，所有产出要素的径向调整量都应该为0，因为本文是用投入导向测度的银行效率，松弛调整量则反映了银行在利息净收入和非利息净收入方面纯粹的资源浪费。

（2）业务扩张能力模型资源利用有效性分析。

从表18可以看出，大多数银行在利息支出方面仍然存在非常明显的径向调整量和松弛调整量。兴业银行的径向调整量和松弛调整量最大，其中径向调整量为21270，虽然处于所有银行的第二位，但是与处于第一位的农业银行相差很小；而松弛调整量为29717，远远超出其他银行，处于所有银行的第一位。说明该银行在利息支出方面存在着非常大的资源浪费。交通银行的径向调整量和松弛调整量分别为

10742和21213，仅次于兴业银行。农业银行虽然松弛调整量为0，但是其径向调整量为22518，处于所有银行的第一位，尽管表面上看没有纯粹的资源浪费，但是其资源配置很不合理。另外，浦发银行和恒丰银行的径向调整量和松弛调整量也比较大。在营业支出方面仍然存在非常明显的径向调整量，农业银行最高，其径向调整量和松弛调整量分别为23579和16440。兴业银行仅次于农业银行，排名第二，其径向调整量和松弛调整量分别为14302和17404。而松弛调整量除极少数几家银行外都是0。从这两种投入要素来看，兴业银行和农业银行不管是利息支出还是营业支出都远远高出其他银行，存在着很大的资源浪费。另外，固定资产净值作为银行机构数的一个近似替代，存在很大的径向调整量和一定的松弛调整量，从一定程度上反映了我国商业银行的机构臃肿性。农业银行不管是径向调整量还是松弛调整量都处于第一位，遥遥领先于其他商业银行，由此可见，农业银行作为我国四大国有商业银行之一，不仅没有充分发挥国有的优势，反而比其他银行有更多的无效率因素存在。交通银行的径向调整量和松弛调整量分别是5229和5755，居所有银行第二位。另外，兴业银行、浦发银行和广发银行也有较大的径向调整量或者松弛调整量。从产出角度来看，非利息收入仍然存在一定的松弛调整量，农业银行排第一位，其数值为25313，交通银行和浦发银行在非利息收入方面也存在明显的产出不足。而广发银行、恒丰银行和南京银行在总贷款方面的松弛调整量分别为94772、21088和14660，存在较大的产出不足，即所谓的"惜贷"现象。我们在上面的盈利能力模型曾经讨论过广发银行和恒丰银行在利息净收入方面存在产出不足，这跟两家银行的"惜贷"行为不无关系。当然，不管是总贷款还是非利息净收入，作为产出要素其径向调整量都为0，原因前面已经说明，不再赘述。

（3）人力资源模型资源利用有效性分析。

从表19可以看出，大多数银行在机构数方面同时存在径向调整量和松弛调整量，说明我国商业银行存在一定的机构臃肿性，这一结论与业务扩张能力模型中得出的结论一致。农业银行排第一位，交通银行也具有较大的径向调整量和松弛调整量。另外，尽管员工人数的松弛调整量都为0,但是员工人数的径向调整量非常高,除农业银行排第一位并且远远超过其他银行以外,交通银行、华夏银行、广大银行和广发银行也有很大的径向调整量。这说明我国商业银行员工人数没有充分利用,员工的积极性没有调动起来,虽然这些年来各家银行纷纷裁员,但现在看来还有很大的裁员空间。从产出角度来看,非利息净收入仍然存在较大的松弛调整量,农业银行仍然高居榜首。利息净收入除了广发银行、恒丰银行、渤海银行和宁波银行这四家银行以外,其他银行的松弛调整量为0,而这四家银行中利息净收入松弛调整量最高的恰恰还是广发银行和恒丰银行,其数值分别为20438和3505,看来这两家银行的"惜贷"行为的确影响了利息净收入。最后,该模型中不得不提的是农业银行,其员工人数的径向调整量为160414,机构数的径向调整量为7382,存在极大的比例调整,管理水平或者技术水平低下,造成了人员和机构的极大浪费;机构数的松弛调整量为2211,存在纯粹的资源浪费;正是投入要素的极大浪费从而导致非利息净收入的产出存在很大不足,数值达到了40194,远远高于其他商业银行。更有甚者,由于员工人数的松弛调整量以及利息净收入和非利息净收入的径向调整量理论上是0,所以对于农业银行来说,除了利息净收入不存在松弛调整量(大多数银行都是0),其他的所有径向调整量或者松弛调整量不但位居第一,还远远超过了其他19家银行的总和,不得不引起注意。

6.4 我国商业银行资源(投入产出指标)利用有效性对效率的影响

上一节我们讨论了不同的投入指标和产出指标的有效性,这可以通过测度它们各自的径向调整量和松弛调整量得到。本节我们利用上一节的实证结果总结一下资源利用是否有效对我国商业银行效率的影响。

6.4.1 投入指标对银行效率的影响

首先,从上一节的表格中我们可以看出,大多数银行在利息支出

▲ 不同投入产出指标对我国商业银行效率的影响

方面同时存在径向调整量和松弛调整量，这说明利息支出投入过多，并没有得到充分利用，从而存在很大的资源浪费。径向调整反映的是管理水平和技术水平，松弛调整反映的是某一种或者几种资源的纯粹浪费。我们可以通过两方面的同时调整来减少利息支出，从而保持银行的效率不变。但是径向调整量是各种投入的比例调整，它的存在说明了银行管理水平和技术水平的不足，因而，它降低了银行的效率。松弛调整量虽然从表面上看不会对银行的效率产生影响，但是它引起了资源的极大浪费，说明资源的配置很不合理。如果把有限的资金投入到其他指标中去，便可以通过配置利息支出与其他指标的合适比例来提高银行效率，从这一方面来说，松弛调整量间接地降低了银行效率。

其次，营业支出存在很大的径向调整量，相对来说，松弛调整量很小。这至少说明营业支出的投入不算过多，在现有的技术水平和管理水平下，该指标得到了比较充分的利用。我们可以通过提高技术水平和管理水平的方式，让营业支出物尽所用，从而提高银行效率。从这一方面来说，营业支出对效率的影响主要是因为径向调整量的存在。

再次，大多数银行在固定资产净值和机构数方面同时存在径向调整和松弛调整量。这一结果与利息支出类似，即这两种投入同时存在两方面的调整，可以同时通过两种调整来提高银行效率。径向调整的存在直接降低了银行效率，而松弛调整的存在引起了资源的纯粹浪费，可以通过合适的调整重新配置该投入与其他投入之间的比例以达到提高银行效率的目的。也说明了我国商业银行存在着一定的机构臃肿性。

然后，员工人数存在很大的径向调整量。尽管松弛调整量为0，看起来跟营业支出类似，但仔细观察会发现，几乎不可能像营业支出那样通过提高技术水平和管理水平来配合员工人数方面的投入。因为该投入的径向调整量非常大，远远超过其他投入要素。而且信息化的时代已经来临，我们有比这更好的方式来提高银行效率，比如通过先进的设备来代替昂贵的人工。因此，我国商业银行存在严重的人员过多问题，大大降低了银行的效率。

最后，我们看一个非常特殊的情况，就是有关农业银行的径向调整量。仔细观察人力资源模型中农业银行员工人数和机构数的径向调整量会发现，这两个数值大得离谱，不但超过所有其他银行的径向调整量，还是其他所有银行径向调整量总和的很多倍。不仅如此，农业银行机构数还存在异常高的松弛调整量，它同样是其他所有银行松弛调整量总和的很多倍。这充分说明了，农业银行的管理水平和技术水平非常低，资源配置极不合理，而且还存在着非常高的资源浪费。在我国四大国有商业银行逐渐向股份制过渡的过程中，其他三家国有商业银行已经几乎完成了相应的股份制改造，而农业银行只从形式上过渡过来，但是看看它如此低下的效率，异常高的径向调整量和松弛调整量，似乎还没有完全摆脱计划经济的范畴。看来人员过多和机构臃肿性问题在农业银行尤为突出，员工人数和机构数这两种投入要素严重降低了农业银行的效率。

6.4.2 产出指标对银行效率的影响

首先，利息净收入的松弛调整量不大，但是非利息净收入存在较大的松弛调整量，存在明显的产出不足问题。实际上，投入量过多的对立面就是产出不足。它是银行按照现有的投入量应该可以达到的水平，但是实际上没有达到。说明股份制改革和利率市场化的双重作用在一定程度上压榨了银行的利息差，而利息差是银行收入的主要来源。从而非利息收入占银行总收入的比重不断提高，但是仍然存在着较大的非利息收入松弛调整量，也说明了非利息收入占总收入的比重还有很大的增长空间。而非利息收入的产出不足问题从一定程度上降低了银行的效率。

另外，少数商业银行（广发银行、恒丰银行和南京银行）总贷款存在一定的松弛调整量，说明这些银行有"惜贷"行为。所谓"惜贷"是指银行有能力发放贷款却不发放的行为，这正是利息净收入存在产出不足的原因，也明显降低了银行该有的产出，从而使得银行的效率降低。

综上所述，利息支出同时存在径向调整量和松弛调整量，因而直接和间接地降低了银行效率；营业支出主要是通过径向调整量直接地降低了银行的效率；固定资产净值和机构数类似于利息支出，也同时存在这两种调整量，也直接和间接地影响着银行效率；员工人数虽然只有径向调整量，但是它的数值远远大于其他投入，因而很大程度地降低了银行效率；农业银行的员工人数和机构数的调整量是其他银行总和的很多倍，使得农业银行的效率很低。利息净收入存在较小的松弛调整量，非利息收入存在比较大的松弛调整量，表示产出不足，说明非利息收入占总收入的比重越来越高，并且还有很大空间；少数商业银行存在"惜贷"行为，从而降低了银行效率。

6.5 本章小结

本文选取了2015年的商业银行数据，使用数据包络分析方法从三个不同的方面，选择不同的投入和产出要素分别测度了我国20家主要商业银行的效率，给出了2015年度每家银行的径向调整量和松弛调整量，并进一步分析了每家银行有效利用资源的能力。结果表明：（1）大多数银行在利息支出方面同时存在着径向调整量和松弛调整量，说明利息支出存在很大的资源浪费，既可以通过提高管理水平和技术水平来减少利息支出，又可以单方面减少利息支出以避免纯粹的资源浪费；营业支出存在很大的径向调整量，说明营业支出的资源浪费主要是由于管理水平和技术水平无效性引起。（2）大多数银行在固定资产净值和机构数方面同时存在径向调整量和松弛调整量，说明我国商业银行存在一定的机构臃肿性；在员工人数方面存在很大的径向调整量，说明我国商业银行员工没有充分利用。（3）非利息净收入存在较大的松弛调整量，即产出不足，说明股份制改革和利率市场化虽然一定程度上压榨了利息差，使得非利息收入占银行总收入的比重有所提高，但仍有很大的增长空间。（4）少数商业银行存在一定的"惜贷"现象，这正是利息净收入存在产出不足的原因，比较典型的是广发银行和恒丰银行。（5）农业银行的员工人数存在极大的径向调整量，机构数存在极大的径向调整量和松弛调整量，说明其管理水平或者技术水平低下，资源配置很不合理，造成了极大的资源浪费，从而导致了很大的产出不足。

鉴于以上的研究结果，本文提出以下几点建议：（1）各大银行应该努力提高自身的管理水平和技术水平，合理配置资源，以使资源得到最有效的利用，减少甚至避免资源的无谓浪费。（2）有"惜贷"行为的银行应该适当发放贷款，尽量避免产出不足的情况发生。（3）农业银行应该积极借鉴其他银行的经验，人尽其用，尽量削减不必要的分支机构，以达到资源的有效利用。

第7章 两种特殊的投入指标[①]对我国商业银行效率的影响

7.1 引言

本章内容是第6章内容的延伸，也是讨论资源利用的有效性及其有效性对我国商业银行效率的影响问题。本章提出的两种特殊的投入指标分别是员工人数和机构数，这两种投入指标在我国商业银行的整个体系中相对于其他投入要素存在明显的比例失衡，即员工人数和机构数的投入很大程度上超出其他指标的投入。实际上，不光是四大国有商业银行，就算是股份制商业银行或者是其他类型的商业银行都或多或少存在员工人数和机构数的过分投入。主要原因是，以前的电子通信行业并不发达，各家银行为了争夺市场，只能建立更多的分支机构。同时，各个地方的单位和个人在去银行办理各项业务时就需要大量的服务人员。社会在发展，今日的银行系统已经不是以往所能比拟的。随着电子通信行业的飞速发展，各家银行开始大量引进各种先进的电子设备以代替人工，许多不必要的分支机构已经变得毫无意义。与此同时，大量的银行开始裁员并且削减不必要的分支机构，但这种问题在今天依然或多或少地存在，只是每家银行的程度不同而已。

另外，本章并不是试图研究我国所有银行的人员过多和机构臃肿性问题，而只是针对我国四大国有商业银行。尽管股份制商业银行和其他类型商业银行的人员过多和机构臃肿性问题依然存在，但在很大程度上得到了缓和。尤其是一些大型的股份制商业银行和几家上市城

---

① 指员工人数和机构数这两种投入指标。

第 7 章 两种特殊的投入指标对我国商业银行效率的影响

市商业银行,它们利用自身优势迅速裁员并抢夺市场,资源配置越来越合理化。而四大国有商业银行的情况就完全不同了,就算我国四大国有商业银行考虑直接进行裁员,它们也未必能够立马做到。除了技术进步带来的影响之外,还有一个更重要的原因,就是我国四大国有商业银行的股份制改造过程。国有商业银行的性质在发生变化,之前"大锅饭"的时代已经结束了。而从国有到股份制的转变过程中,很多人员的工作无法解决,很多人的生计问题需要妥善处理。这几年,在政府官员和银行管理者的共同努力下,已经取得了卓越的成效。但是现在到底还存在多少问题是值得我们去研究的。

鉴于这种状况,很多研究者在测度我国商业银行效率时,并没有考虑我国四大国有商业银行人员过多和机构臃肿性问题,选择单一的投入和产出指标对银行效率进行测度,从而去比较我国四大国有商业银行和股份制银行或者城市商业银行的效率问题,这是不恰当的。因为我国四大国有商业银行的历史遗留问题还没有得到彻底改变,毫无疑问,把员工人数和机构数同时算作投入要素来进行银行效率测度,那么我国四大国有商业银行的效率会被低估。我们会在之后详细地测度投入要素的选择给银行效率带来的影响。

让我们重新梳理一下一些容易想到的问题。从直观上来说,同时把员工人数和机构数这两种投入要素都用来测度银行效率的时候,我国四大国有商业银行的效率会低,那么实际上是真的比其他类型的商业银行效率低吗?如果真的低,那么效率比其他类型的商业银行效率低多少?效率差距是不是很大?另外,如果把员工人数和机构数同时作为投入要素进行效率测度,对我国四大国有商业银行的全要素生产率产生了怎样的影响?这些问题我们会在后面的实证结果中看到答案。

我国四大国有商业银行人员过多和机构臃肿性问题在计划体制时期就曾被广泛提及,翻看四大国有商业银行最早期的年报,我们可以清楚地看到员工人数和机构数的投入比例远远超过其他商业银行,这严重影响了银行的效率。近些年来,我国银行业经历了很多变革,先是四大国有商业银行的股份制改革,再是利率的市场化。随着我国大型商业银行股份制改革的完成以及各大银行不断进入全球系统重要性银行名单，四大商行已不再由政府完全控制。另外，以招商银行为典型的各大股份制商业银行飞速发展，迅速抢占市场，给四大国有商业银行提出了强有力的挑战。各地纷纷出现了非常有竞争力的城市商业银行，其利用本土优势迅速扩大，甚至成功上市，又一次挤压了四大国有商业银行的利润空间。利率市场化进程的不断推进也严重压缩了国有商业银行的主要利润来源——利息差。自此，我国四大国有商业银行纷纷裁员，削减不必要的分支机构，那种银行员工旱涝保收的年代已经一去不复返。各大商业银行大量引进先进的电子设备来代替昂贵的人工，进一步加剧了银行之间的竞争。

时过境迁，四大国有商业银行计划体制已经几乎不存在，市场经济给各大商业银行提供了很多机遇和挑战。我们不禁会问，四大国有商业银行人员过多和机构臃肿性问题还存在吗？与早期相比，这一问题有了怎样的改善？人员过多、机构臃肿性到底对我国四大国有商业银行的效率产生了怎样的影响？在这种背景下，研究人员过多和机构臃肿性对我国四大国有商业银行效率的影响具有很大的现实意义。

7.2 我国商业银行人员过多和机构臃肿性对效率的影响

7.2.1 两种特殊的投入指标——员工人数和机构数

员工人数和机构数这两种投入指标的特殊性是针对于我国国内的现状而言的。我国四大国有商业银行曾经长期生存在计划体制中，代表了我国最重要的银行系统，大量雇佣员工，各个地区都建立分支机构，造成了大量的资金浪费。为了迎接市场经济的挑战和机遇，我国进行了长时期的股份制改造，同时也出现了许多非常有竞争力的股份制商业银行，近几年还出现了比较有影响力的上市城市商业银行。这些都给我国四大国有商业银行带来了前所未有的挑战，然而四大国有银行人员过多和机构臃肿性问题仍然没有得到解决。大量银行开始裁减员工，削减不必要的分支机构，因此，具体考虑员工人数和机构数这两种投入指标对银行效率的影响变得有意义。进一步讨论我国四大

▲ 第7章 两种特殊的投入指标对我国商业银行效率的影响

国有商业银行的人员过多和机构臃肿性问题势在必行，这有助于给银行管理者提供比较可靠的建议，从而提高我国国有商业银行的效率。

7.2.2 员工人数和机构数对银行效率的影响

为了详细说明我国四大国有商业银行人员过多和机构臃肿性问题，有必要测度员工人数和机构数对银行效率的影响。表20列出了盈利能力模型和人力资源模型中我国四大国有商业银行2008—2015年期间的各项指标，包括技术效率或综合效率，纯技术效率和规模效率。限于篇幅，没有列出13家股份制商业银行和3家上市城商行的效率。不仅如此，表20还列出了此期间内每家银行的规模报酬以及每家银行CRS、VRS、Scale平均效率和各平均效率的排名情况。

人力资源模型只是将盈利能力模型中的投入要素换成了员工人数和机构数，产出要素完全相同，但是银行效率却产生了极大差异。盈利能力模型中，工商银行、农业银行、中国银行和建设银行的技术效率分别排第3位、第6位、第1位和第2位，明显高于其他类型商业银行的效率，其相应的纯技术效率也很高，除了农业银行排在第7位以外，其他三家银行的纯技术效率都是1，排在第1位。同时，规模效率也排在所有银行的前列，其排名分别为第4位、第9位、第2位和第3位。而在人力资源模型中，这四家国有商业银行的效率大打折扣，其技术效率分别排第19位、第20位、第15位和第18位，明显低于其他类型商业银行的效率。但我们惊奇地发现，除农业银行以外，其他三家国有商业银行的纯技术效率仍然很高。农业银行的纯技术效率排在所有银行的最后一位，而工商银行、中国银行和建设银行的纯技术效率都是1，排在第1位。表示这三家银行的管理水平和技术水平领先于其他类型的商业银行，说明技术效率低下主要是规模效率引起的，从表20可以清楚地看到四大国有商业银行的规模效率分别排第19位、第20位、第17位和第18位，位居所有商业银行倒数前四位。我们还发现，农业银行不管是技术效率、纯技术效率还是规模效率都排倒数第一位，较低的纯技术效率和很低的规模效率导致了极其低下的技术效率。说明农业银行的管理水平和技术水平都比较低下，其银行规模也非常不合理。

▲ 不同投入产出指标对我国商业银行效率的影响

表20 我国四大国有商业银行效率及排名

模型	银行名称	效率类型	2008	2009	2010	2011	2012	2013	2014	2015	平均效率	排名
盈利能力模型	工商银行	CRS	0.918	1	1	1	1	1	1	1	0.990	3
		VRS	1	1	1	1	1	1	1	1	1.000	(1)
		Scale	0.918	1	1	1	1	1	1	1	0.990	【4】
		规模报酬	递减	不变	不变	不变	不变	不变	不变	不变		
	农业银行	CRS	0.874	0.852	1	1	1	1	1	1	0.966	6
		VRS	0.928	0.953	1	1	1	1	1	1	0.985	(7)
		Scale	0.941	0.894	1	1	1	1	1	1	0.979	【9】
		规模报酬	递减	递减	不变	不变	不变	不变	不变	不变		
	中国银行	CRS	1	1	1	1	1	1	1	0.958	0.995	1
		VRS	1	1	1	1	1	1	1	1	1.000	(1)
		Scale	1	1	1	1	1	1	1	0.958	0.995	【2】
		规模报酬	不变	不变	不变	不变	不变	不变	不变	递减		
	建设银行	CRS	0.955	1	1	1	1	1	1	1	0.994	2
		VRS	1	1	1	1	1	1	1	1	1.000	(1)
		Scale	0.955	1	1	1	1	1	1	1	0.994	【3】
		规模报酬	递减	不变	不变	不变	不变	不变	不变	不变		
人力资源模型	工商银行	CRS	0.447	0.41	0.584	0.395	0.486	0.378	0.488	0.489	0.460	19
		VRS	1	1	1	1	1	1	1	1	1.000	(1)
		Scale	0.447	0.41	0.584	0.395	0.486	0.378	0.488	0.489	0.460	【19】
		规模报酬	递减	递减	递减	递减	递减	递减	递减	递减		
	农业银行	CRS	0.216	0.257	0.317	0.266	0.28	0.249	0.299	0.322	0.276	20
		VRS	0.575	0.576	0.619	0.68	0.683	0.697	0.715	0.688	0.654	(20)
		Scale	0.375	0.446	0.513	0.391	0.41	0.357	0.418	0.467	0.422	【20】
		规模报酬	递减	递减	递减	递减	递减	递减	递减	递减		
	中国银行	CRS	0.877	0.627	0.894	0.449	0.69	0.483	0.524	0.512	0.632	15
		VRS	1	1	1	1	1	1	1	1	1.000	(1)
		Scale	0.877	0.627	0.894	0.449	0.69	0.483	0.524	0.512	0.632	【17】
		规模报酬	递减	递减	递减	递减	递减	递减	递减	递减		
	建设银行	CRS	0.511	0.458	0.691	0.41	0.528	0.356	0.493	0.518	0.496	18
		VRS	1	1	1	1	1	1	1	1	1.000	(1)
		Scale	0.511	0.458	0.691	0.41	0.528	0.356	0.493	0.518	0.496	【18】
		规模报酬	递减	递减	递减	递减	递减	递减	递减	递减		

资料来源：根据《银行年报》（2008—2015年）计算得到。

第7章 两种特殊的投入指标对我国商业银行效率的影响

从两个模型的规模报酬不难看出，盈利能力模型中，四家国有商业银行大部分都处在规模报酬不变阶段，个别年份出现了规模报酬递减，分别是工商银行2008年度、农业银行2008和2009年度、中国银行2015年度以及建设银行2008年度。在此模型下，我国四大国有商业银行展示了卓越的盈利能力，说明每家国有银行依靠其规模大的优势在盈利能力方面领先于其他类型的商业银行。但在人力资源模型中，由于员工人数和机构数这两种投入指标的作用，四家国有商业银行在整个年度期间内全都处于规模报酬递减阶段，说明各家国有银行应该减少规模从而提高银行效率。四大国有商业银行人员过多和机构臃肿性问题使本来处于效率领先地位的银行效率大打折扣，反而远远低于其他类型商业银行的效率。

此外，我们已经提到，在人力资源模型中，农业银行不管是技术效率还是纯技术效率和规模效率都排倒数第一。人员过多和机构臃肿性造成了农业银行非常低的纯技术效率和非常低的规模效率，从而导致了极低的技术效率。不但需要提高管理水平和技术水平以提高纯技术效率，还需要削减不必要的分支机构从而减小规模以提高其规模效率。

为了更清楚地观察我国四大国有商业银行效率与其他类型商业银行效率受员工人数和机构数的不同影响，有必要列出不同类型商业银行的平均效率并进行比较，如表21所示。

表21 四大国有商业银行与其他类型商业银行效率比较

银行类型	效率类型	盈利能力模型		人力资源模型	
		平均效率	标准差	平均效率	标准差
所有20家商业银行	CRS DEA	0.8973	0.0766	0.7495	0.1955
	VRS DEA	0.9390	0.0614	0.9039	0.1237
	Scale	0.9557	0.0533	0.8288	0.1884
四大国有商业银行	CRS DEA	0.9863	0.0137	0.4660	0.1467
	VRS DEA	0.9963	0.0075	0.9135	0.1730
	Scale	0.9895	0.0073	0.5025	0.0915

续表

银行类型	效率类型	盈利能力模型 平均效率	盈利能力模型 标准差	人力资源模型 平均效率	人力资源模型 标准差
13家股份制商业银行	CRS DEA	0.8599	0.0658	0.8186	0.1253
	VRS DEA	0.9102	0.0580	0.8975	0.1153
	Scale	0.9459	0.0618	0.9139	0.0910
3家上市城商行	CRS DEA	0.9407	0.0410	0.8277	0.1883
	VRS DEA	0.9870	0.0115	0.9187	0.1409
	Scale	0.9530	0.0337	0.8950	0.0913

资料来源：根据《银行年报》（2008—2015年）计算得到。

表21详细列出了四大国有商业银行、13家股份制商业银行、3家城市商业银行技术效率、纯技术效率、规模效率的平均值及其平均效率标准差，并将两种不同模型的各项指标进行比较。从表21可以看出：（1）盈利能力方面，我国商业银行效率最高的是四大国有商业银行，技术效率均值达到了0.9863，这是因为该模型的投入要素不包含员工人数和机构数。（2）人力资源模型中，我国四大国有商业银行的效率远远低于其他类型的银行效率，这是因为该模型的投入要素同时包含了员工人数和机构数，但依然有高达0.9135的纯技术效率，说明四大国有商业银行效率低下的主要原因是规模效率低。从表21也可以清楚地看出，在规模效率方面，我国四大国有商业银行在盈利能力模型中高于其他类型商业银行，但在人力资源模型中远远低于其他类型商业银行。

从每类商业银行的平均效率标准差可以看出，盈利能力模型中各种类型商业银行效率的标准差都明显低于人力资源模型。充分表明我国各商业银行的员工人数和机构数量很不均衡，存在较大差异，而我国四大国有商业银行在人力资源模型中的效率低下也正是因为其人员过多、机构臃肿。这一结果跟前面的分析一致。

第7章 两种特殊的投入指标对我国商业银行效率的影响

7.2.3 员工人数和机构数对银行超效率的影响

表22 我国四大国有商业银行超效率及排名

模型	银行名称	效率类型	2008	2009	2010	2011	2012	2013	2014	2015	平均效率	排名
盈利能力模型	工商银行	CRS	0.918	1.004	1.054	1.053	1.068	1.071	1.057	1.045	1.034	3
		VRS	Inf	Inf	Inf	Inf	Inf	Inf	Inf	Inf	Inf	
	农业银行	CRS	0.874	0.852	1.008	1.081	1.037	1.045	1.101	1.029	1.003	6
		VRS	0.928	0.953	1.052	1.086	1.079	1.046	1.101	1.030	1.034	(8)
	中国银行	CRS	1.611	1.570	1.280	1.128	1.178	1.135	1.075	0.958	1.242	1
		VRS	Inf	Inf	Inf	1.138	1.179	1.151	1.081	1.045	Inf	
	建设银行	CRS	0.955	1.002	1.047	1.060	1.057	1.070	1.012	1.019	1.028	4
		VRS	1.155	1.071	1.069	1.062	1.074	1.070	1.014	1.020	1.067	(4)
人力资源模型	工商银行	CRS	0.447	0.410	0.584	0.395	0.486	0.378	0.488	0.489	0.460	19
		VRS	Inf	Inf	Inf	Inf	Inf	Inf	Inf	Inf	Inf	
	农业银行	CRS	0.216	0.257	0.317	0.266	0.280	0.249	0.299	0.322	0.276	20
		VRS	0.575	0.576	0.619	0.680	0.683	0.697	0.715	0.688	0.654	(18)
	中国银行	CRS	0.877	0.627	0.894	0.449	0.690	0.483	0.524	0.512	0.632	15
		VRS	Inf	Inf	Inf	1.328	1.325	1.290	1.157	1.057	Inf	
	建设银行	CRS	0.512	0.458	0.691	0.410	0.528	0.356	0.493	0.518	0.496	18
		VRS	1.085	1.100	1.058	1.017	1.016	1.006	1.042	1.101	1.053	(9)

资料来源：根据《银行年报》(2008—2015年) 计算得到。

我们已经在前面得出结论，员工人数和机构数这两种特殊的投入指标对银行效率产生了非常重要的影响。而银行超效率仅仅是银行效率的一种延伸，它是为了比较位于前沿面上的银行效率而定义的。从直观上看，这两种投入指标也应该对银行超效率产生非常重要的影响。为了更清楚地说明这一结论，我们对盈利能力模型和人力资源模型的超效率进行比较，分析并说明我国四大国有商业银行的人员过多和机构臃肿性问题。

而要利用超效率分析和说明我国四大国有商业银行的人员过多和机构臃肿性问题，就必须测度员工人数和机构数这两种投入指标对银行超效率的影响。表22列出了盈利能力模型和人力资源模型中我国四

不同投入产出指标对我国商业银行效率的影响

大国有商业银行2008—2015年期间超效率的各项指标，包括技术效率或者综合效率和纯技术效率。限于篇幅，我们只列出了四大国有商业银行的超效率，没有列出13家股份制商业银行和3家上市城商行的超效率。同前所述，CRS是指各家银行投入指标与产出指标之间的最佳配置状态，本文在测度超效率的时候仍然使用的是投入导向型DEA。因此不管是CRS还是VRS都有跟前述相同的含义，即CRS是指各家商业银行在相同的产出下生产单元理想的最小可能性投入与实际投入之间的比率；VRS是指各家商业银行由于管理和技术等因素所影响的生产效率，当然，这里所说的效率是指各家商业银行的超效率。同时，我们还列出了各家商业银行CRS平均效率和VRS平均效率以及各平均效率的排名情况。表22没有列出规模效率，是因为每家商业银行的规模报酬情况我们已经在前面讨论过，这里不再赘述。

如前所述，盈利能力模型和人力资源模型唯一的差别就是投入指标的不同，前者不包括员工人数和机构数，后者包括这两种投入指标，而这两个模型的产出指标完全相同。正是由于这点不同，才导致了我国四大国有商业银行与其他类型商业银行的超效率存在很大差异。盈利能力模型中，工商银行、农业银行、中国银行和建设银行的技术效率（CRS超效率）分别排第3位、第6位、第1位和第4位，其数值分别是1.034、1.003、1.242和1.028，远远高于其他类型的商业银行超效率。我们看到，盈利能力模型中我国四大国有商业银行超效率的排名跟效率的排名基本一样，除了建设银行由第2位变动到了第4位，其他三家银行的排名没有发生任何变化。而在人力资源模型中，这四家国有商业银行的超效率依然很低，其技术效率分别排第19位、第20位、第15位和第18位，其数值分别是0.46、0.276、0.632和0.496，远远低于其他类型的商业银行超效率。我们同时看到，盈利能力模型中我国四大国有商业银行超效率的排名跟效率的排名完全一致。

至于两个模型的纯技术效率（VRS超效率）跟前面有所不同，原因是工商银行和中国银行在测度超效率时无法识别其前沿面，因此VRS超效率的比较不是20家商业银行，只有18家。相应的，在考虑

第7章 两种特殊的投入指标对我国商业银行效率的影响

我们四大国有商业银行人员过多和机构臃肿性问题时,也只能考虑农业银行和建设银行这两家银行。盈利能力模型中,农业银行的超效率是 1.034,排在 18 家商业银行的第 8 位;而人力资源模型中,农业银行的超效率只有 0.654,排在 18 家商业银行的最后一位。盈利能力模型中,建设银行的超效率是 1.067,排在 18 家商业银行的第 4 位;而人力资源模型中,建设银行的超效率是 1.053,下降到了 18 家商业银行中的第 9 位。由此可见,在超效率模型中,员工人数和机构数这两种投入指标同时降低了国有商业银行的技术效率和纯技术效率。

另外,农业银行在人力资源模型中,不管是针对传统 DEA 技术还是超效率 DEA 技术,效率都非常低下,结论完全一致。其技术效率和纯技术效率都排在所有商业银行的倒数第一位。农业银行的纯技术效率和规模效率都非常低,进而导致了非常低下的技术效率。纯技术效率低表明银行需要努力提高自身的管理水平和技术水平;规模效率低表明银行需要大量裁员,减少不必要的劳动力,并且削减不必要的分支机构。人员过多和机构臃肿性问题对农业银行来说还非常严重,大大地降低了银行的效率或者超效率。当然,除了农业银行以外,其他三家国有商业银行也受到了人员过多和机构臃肿性比较大的影响,只是没有农业银行严重而已。

至于我国四大国有商业银行的平均超效率与其他类型商业银行的平均超效率受到员工人数和机构数这两种投入指标的影响比较,我们需要列出不同类型商业银行之间的平均超效率比较表。这个表格跟前面我们列出的不同类型商业银行之间的平均效率比较表有很大的相似之处,这里就不再介绍了。

7.3 人员过多和机构臃肿性对 Malmquist 指数的影响

表 23 列出了各家不同银行的 Malmquist 指数几何平均值,还列出了不同模型下每家商业银行马氏 TFP 指数及其与马氏 TFP 指数相关的各项指标。盈利能力模型中,有 13 家银行的马氏 TFP 指数大于 1,7 家银行的马氏 TFP 指数小于 1,20 家商业银行的马氏 TFP 几何平均值

为1.006。人力资源模型中，所有20家银行的马氏TFP指数都大于1，各家银行员工和分支机构创造收益的能力都有明显提升，而20家商业银行的马氏TFP几何平均值为1.101，远远高于1.006。说明包含员工人数和机构数作为投入要素的模型效率增长速度比较快，从一定程度上表明了我国商业银行人员过多和机构臃肿性问题有一定程度的缓解。

表23 Malmquist指数各家银行几何平均值总结

模型	银行名称	effch	techch	pech	sech	tfpch	银行名称	effch	techch	pech	sech	tfpch
盈利能力模型	工商银行	1.012	1.011	1	1.012	1.023	民生银行	1.052	1.033	1.043	1.008	1.086
	农业银行	1.019	0.984	1.011	1.009	1.003	中信银行	0.974	0.989	0.968	1.006	0.964
	中国银行	0.994	1.023	1	0.994	1.017	光大银行	1.011	1.008	0.996	1.015	1.019
	建设银行	1.007	0.997	1	1.007	1.004	浙商银行	1.009	0.996	1.008	1.001	1.005
	交通银行	0.987	1.003	0.978	1.009	0.99	广发银行	1.012	1.014	1.018	0.994	1.027
	兴业银行	0.99	0.992	0.977	1.013	0.982	恒丰银行	1.005	1.008	1.038	0.968	1.013
	华夏银行	1.05	0.976	1.035	1.015	1.025	渤海银行	1.033	1.012	1	1.033	1.045
	招商银行	1	1.02	1	1	1.02	北京银行	0.979	0.982	0.989	0.99	0.962
	平安银行	1	1.019	1	1	1.019	南京银行	0.973	0.988	0.994	0.979	0.962
	浦发银行	1	0.986	0.985	1.015	0.986	宁波银行	0.989	0.992	1	0.989	0.982
	mean							1.005	1.002	1.002	1.003	1.006

第7章 两种特殊的投入指标对我国商业银行效率的影响

续表

模型	银行名称	effch	techch	pech	sech	tfpch	银行名称	effch	techch	pech	sech	tfpch
人力资源模型	工商银行	1.013	1.12	1	1.013	1.135	民生银行	1	1.113	1	1	1.113
	农业银行	1.059	1.087	1.022	1.036	1.151	中信银行	0.994	1.057	0.997	0.998	1.051
	中国银行	0.926	1.171	1	0.926	1.085	光大银行	1.016	1.086	1.013	1.003	1.103
	建设银行	1.002	1.115	1	1.002	1.118	浙商银行	1.026	1.09	1	1.026	1.118
	交通银行	1.037	1.102	1.003	1.033	1.143	广发银行	1.042	1.129	1.034	1.008	1.175
	兴业银行	1.031	1.037	1.029	1.002	1.069	恒丰银行	0.992	1.124	0.981	1.011	1.115
	华夏银行	0.959	1.068	0.978	0.981	1.024	渤海银行	0.961	1.163	0.962	0.999	1.117
	招商银行	1	1.095	1	1	1.096	北京银行	0.998	1.05	1	0.998	1.048
	平安银行	1.045	1.078	1.037	1.008	1.127	南京银行	1	1.115	1	1	1.115
	浦发银行	1.014	1.042	1	1.014	1.057	宁波银行	0.99	1.077	0.99	1	1.067
	mean							1.005	1.095	1.002	1.003	1.101

资料来源：根据《银行年报》（2008—2015 年）计算得到。

说明：表中 effch 表示技术效率变化（相对于 CRS 技术），techch 表示技术变化，pech 表示纯技术效率变化（相对于 VRS 技术），sech 表示规模效率变化，tfpch 表示全要素生产率变化。

再看我国四大国有商业银行的 Malmquist 指数，盈利能力模型中四大国有商业银行的马氏 TFP 指数分别为 1.023、1.003、1.017、1.004。而人力资源模型中各家银行的马氏 TFP 指数分别为 1.135、1.151、1.085、1.118，不但超过盈利能力模型中四大国有商业银行的各项数值，而且还超过本模型中其他银行的马氏 TFP 指数。充分表明我国四大国有商业银行人员过多和机构臃肿性问题较其他银行有更大程度的缓解。另外，人力资源模型中指数排名前七位的银行（约20家银行总数的三分之一)分别是广发银行、农业银行、交通银行、工商银行、平安银行、建设银行和浙商银行,7家银行中有3家属于四大国有商业银行。再次表明我国四大国有商业银行近年来关于人员过多、机构臃肿问题得到了一定程度的缓解。另外,盈利能力模型和人力资源模型中,相对于 CRS 技术的技术效率变化(effch)、相对于 VRS 技术的纯技术效率变化(pech)以及规模效率变化(sech)都相同,分别是 1.005、1.002、1.003。唯一不同的是技术变化(techch),盈利能力模型中的技术变化是 1.002,而人力资源模型中的技术变化是 1.095。显而易见,出现这种差异是必然的。在盈利能力模型中,投入指标不包括员工人数和机构数,当先进的机器设备代替人工作业时,我们所看到的只是由这两种投入指标影响到其他指标所带来的微弱技术变化,其数值为 1.002;而在人力资源模型中,情况就完全不同了,此模型的投入指标包括了员工人数和机构数,此时,先进的机器设备代替了昂贵的人工,机器作业代替了人工作业,生产技术有了质的突破,而这种突破可以从这两种投入指标上直接反映出来,即所谓的技术进步,其数值为 1.095,远远大于盈利能力模型中的 1.002。因此,我国四大国有商业银行近些年来在人员过多和机构臃肿性方面得到的缓和几乎全部是由技术进步引起的,从而导致了人力资源模型比盈利能力模型有更大的全要素生产率。

7.4 本章小结

本文选取了 2008—2015 年的数据,使用数据包络分析方法和 Malmquist 指数使用两个不同的模型(一个模型包含投入要素员工人数和机构数,另一个模型不包含),分别测度了我国 20 家主要商业银行的效率,进而对我国四大国有商业银行和其他类型商业银行效率进行对比分析。结果表明:(1)商业银行测度的效率高低很大程度上受到员工人数和机构数这两种投入要素的影响。一般情况下,如果投入要素不包含员工人数和机构数,则四大国有商业银行的效率要高于其他类型商业银行的效率;如果只包含其中的一种,则四大国有商业银行

第7章 两种特殊的投入指标对我国商业银行效率的影响

的效率跟股份制银行相差不大；如果两种都包含，则效率要明显低于其他类型的商业银行。（2）盈利能力模型（不包含员工人数和机构数）中，我国商业银行效率最高的是四大国有商业银行。人力资源模型（同时包含员工人数和机构数）中，我国四大国有商业银行的效率最低，但依然保持着比较高的纯技术效率。说明我国四大国有商业银行效率低的主要原因是规模效率低下。因而，需要裁员并削减不必要的分支机构，从而提高银行效率。（3）从 Malmquist 指数可以看出，我国四大国有商业银行在人力资源模型中的马氏 TFP 不但高于盈利能力模型中的马氏 TFP 指数，还高于本模型中其他银行的马氏 TFP 指数。说明我国四大国有商业银行人员过多和机构臃肿性问题有了一定程度的缓解。（4）规模收益方面，盈利能力模型中，我国四大国有商业银行大多数处于规模报酬不变阶段；人力资源模型中，我国所有四大国有商业银行都处于规模报酬递减阶段。说明四大国有商业银行人员过多和机构臃肿性问题仍然需要解决。另外，人力资源模型中四大国有商业银行效率的效率标准差明显高于盈利能力模型中我国四大国有商业银行效率的标准差，再次说明我国四大国有商业银行还存在明显的人员过多和机构臃肿性问题。

综上所述，目前我国四大国有商业银行人员过多和机构臃肿性问题仍然存在，但是较以往有了一定程度的缓解。人员过多和机构臃肿性问题严重影响了我国四大国有商业银行甚至所有商业银行的效率。鉴于以上的研究结果，本文提出以下几点建议：（1）规模比较小的商业银行应该努力扩大经营范围，或者采取联合经营等方式，对一些超出自身能力的经营项目可以寻求与其他金融机构合作，从而提升银行的盈利能力。（2）四大国有商业银行应该削减不必要的分支机构，对银行没有贡献的员工应该及时裁减，从而提升银行效率。近些年来，尽管人员过多和机构臃肿性问题有了一定的改善，但还远远不够。现在已经进入信息化时代，应该大量引进先进设备以代替昂贵的人工。

第 8 章 全文总结

8.1 本文主要研究结论

本节主要是归纳总结出本文研究的主要结论,从而对文章的总体架构有个清楚的认识,以便提出提高我国商业银行效率的途径并给出相应的政策建议。主要有这样几个方面的结论:(1)银行效率和生产率测量方法的结论;(2)我国商业银行效率测度出现差异原因的结论;(3)投入产出指标选择的结论;(4)我国商业银行技术效率的结论;(5)我国商业银行纯技术效率的结论;(6)我国商业银行规模效率的结论;(7)不良贷款率对我国商业银行效率影响的结论;(8)我国商业银行超效率的结论;(9)我国商业银行效率动态变化(生产率)的结论;(10)我国商业银行资源利用有效性的结论;(11)资源利用有效性对银行效率影响的结论;(12)两种特殊的投入要素利用有效性的结论,换句话说,也就是讨论我国四大国有商业银行人员过多和机构臃肿性问题;(13)人员过多和机构臃肿性对我国商业银行效率影响的结论。

8.1.1 银行效率和生产率测量方法的结论

测量银行效率和生产率的方法虽然很多,花样层出不穷,但是大多数得出的结论都是相似的。本文旨在说明方法背后的经济学背景和经济学解释,因而不追求方法上的创新,合适的就是最好的。

首先,对效率的测量方法主要选择学术界最广泛应用的数据包络分析方法。此方法简单实用,并且能将技术无效率分解为纯技术无效率和规模无效率。通过此方法,我们可以清楚地看出每一家技术无效率的银行究竟是由哪一方面的原因引起的,从而选择合适的政策建议。

其次,由于数据包络分析方法只能测度非前沿面上的银行效率,而位于前沿面上的效率值都等于1。因而,我们为了进一步测度前沿面上的银行效率,引入了超效率DEA模型。超效率DEA模型同样能够识别出无效率银行是由纯技术无效率还是规模无效率引起的。

再次,不管是传统DEA方法还是超效率DEA方法都适合于横向比较,也就是适合于同一年度银行之间的相对效率比较。为了能进行银行效率的纵向比较,即看出银行的效率比上一年度到底是增长了还是降低了,我们引入学术界最为流行的Malmquist指数进行测度。从Malmquist指数我们可以看出相对于规模报酬不变的技术效率变化、相对于规模报酬可变的纯技术效率变化、规模效率变化、意味着技术进步还是技术倒退的技术变化以及银行的全要素生产率变化。

然后,为了测度银行的各种投入资源和产出资源利用是否有效,我们引入了径向调整技术和松弛调整技术。径向调整是各种资源的比例调整,存在径向调整说明银行的技术无效率,主要是由于管理水平和技术水平引起的。松弛调整是一种资源或者多种资源在平行于某一条坐标轴上的调整,是资源的纯粹浪费。通过径向调整和松弛调整技术,我们可以清楚地看出资源利用是否有效,以及资源利用无效性是由什么原因引起的,从而提出可靠的政策建议。

最后,为了讨论两种特殊的投入资源的有效性及其对银行效率的影响,即讨论人员过多和机构臃肿性对我国商业银行效率的影响,我们使用了两种不同的模型,其产出指标完全相同。第一个模型的投入指标不包括员工人数和机构数,第二个模型包括员工人数和机构数。分别在两个不同的模型下使用数据包络分析方法和Malmquist TFP指数进行测度,发现它们之间的效率差异和Malmquist指数的差异。从结果可以清楚地看出我国商业银行是否存在人员过多和机构臃肿性问题以及这两种问题是否得到改善等结论。

8.1.2 我国商业银行效率测度出现差异原因的结论

我们通过两个简单的实例发现,将投入指标中的一个换成员工人数或者机构数,我国四大国有商业银行的效率就会降低。没有替换之前四大国有商业银行的效率明显高于股份制商业银行,替换之后四大国有商业银行的效率跟股份制商业银行的效率差不多。如果将投入指标中的两个投入都用员工人数和机构数来替换,则四大国有商业银行的效率远远低于股份制商业银行。这便是不同研究者都使用相同的数据包络分析方法,其结果会不相同的原因,有时候甚至出现完全相反的结论。

8.1.3 投入产出指标选择的结论

首先,银行跟利润有关的所有支出包括利息支出、手续费及佣金支出、营业支出和营业外支出;银行跟利润有关的所有收入包括利息净收入、非利息(净)收入和营业外收入。而手续费及佣金支出和营业外支出占总支出的比重微乎其微,为了让更少的银行出现在前沿面,我们选择占总支出比重绝对优势的利息支出和营业支出作为投入指标。同样,营业外收入占总收入的比重更是微不足道,即使勉强留住,也几乎不会影响银行效率值,更多的是在四舍五入的过程中被舍弃。因此我们选择利息净收入和非利息(净)收入作为产出指标。因为所有的支出和收入都直接关系着银行的盈利大小,所以这种模型被称为盈利能力模型,顾名思义,盈利能力模型是测度银行盈利能力大小的模型。

其次,在整个银行系统,除了盈利能力以外,还有一个非常重要的能力,即业务扩张能力。业务扩张能力高的银行在银行系统乃至整个金融系统都有非常高的发展潜力。因此,固定资产净值自然被选入了投入指标,固定资产净值的变化直接反映了银行规模的大小。总贷款当然是产出指标的不二选择,这是反映银行扩张能力大小的最重要的指标。而利息净收入是银行盈利的主要方面,这一指标不能反映银行的扩张能力,它只跟银行本身的存贷款有关系,所以我们将它舍弃。最终我们选择利息支出、营业支出和固定资产净值作为投入指标,选择非利息(净)收入和总贷款作为产出指标,从而得到业务扩张能力模型。顾名思义,业务扩张能力模型主要反映银行在各个业务方面进行扩张的能力大小。

最后，为了更好地分析员工人数和机构数这两种特殊指标对银行效率的影响，我们将盈利能力模型中的投入指标换成员工人数和机构数这两种投入指标，而产出指标不变。这一模型称为人力资源模型，它反映了银行员工和银行机构创造利润的能力。利用该模型和盈利能力模型进行对比，可以有效地分析我国四大国有商业银行的人员过多和机构臃肿性问题。

8.1.4 我国商业银行技术效率的结论

我国四大国有商业银行不管在盈利能力模型还是在业务扩张能力模型中都保持着最高的技术效率，但是在人力资源模型中效率最低。13家股份制商业银行的技术效率在盈利能力模型中低于3家上市城商行，在业务扩张能力模型中高于3家上市城商行。这充分说明了不同的投入和产出指标对银行效率的不同影响。

8.1.5 我国商业银行纯技术效率的结论

总体而言，各种不同类型银行的纯技术效率都很高，说明我国近些年来银行的技术水平和管理水平有了很大的提高，原因可能是股份制改造和利率市场化的双重影响，它们促使银行之间相互竞争，从而提升了银行效率。相对而言，我国四大国有商业银行和3家上市城商行的纯技术效率更胜一筹，都略高于13家股份制商业银行。我国四大国有商业银行即使在人力资源模型中的技术效率非常低下，但是仍然保持着很高的纯技术效率。

8.1.6 我国商业银行规模效率的结论

我国四大国有商业银行的规模效率不管是在盈利能力模型还是在业务扩张能力模型中都高于其他类型的商业银行，但是在人力资源模型中要比其他银行低得多。这说明四大国有商业银行靠着其规模大的优势能有更多的盈利和更多的开拓其他业务的能力，但是其庞大的规模造成了人员过多和机构臃肿性问题，又降低了银行的效率。人力资源模型中规模效率低下正是我国四大国有商业银行技术效率低的主要原因,这为之后讨论我国四大国有商业银行人员过多和机构臃肿性问题提供了一个初探。

8.1.7 不良贷款率对我国商业银行效率影响的结论

本文研究的重点是不同的投入产出指标对我国商业银行效率的影响,因此不良贷款率不是本文研究的主要内容,而且本文选取的三个模型中,只有业务扩张能力模型的产出指标跟不良贷款率有关。鉴于这种原因,我们只以业务扩张能力模型为代表简单说明不良贷款率对我国商业银行效率的影响占比。

结果发现,在整个测度年度期间内,农业银行不良贷款率对银行效率的影响都占着很重的比例。而且最近一年,也就是2015年,该影响占比达到了 -36.36%,超过了所有银行占比的三分之一。其次,广发银行不良贷款率对我国商业银行的效率影响占比也比较高,在测度期间的前五年比例非常高,不过近三年得到了明显改善。最后,交通银行和华夏银行的影响占比也有点偏高。

8.1.8 我国商业银行超效率的结论

需要指出的是,利用超效率DEA模型测度的银行效率结果跟传统DEA方法得出的结果惊人地相似。只有两点不同,一是中国银行和工商银行在测度纯技术效率时,由于不考虑自己的数据,所以无法识别出前沿面,从而测度不出效率,自然也就无法跟其他商业银行进行超效率比较;二是解决了传统DEA模型中无法对前沿面上的银行进行效率比较的问题。超效率DEA可以对处于前沿面上的银行进行效率比较,但是,当我们用测度的超效率值对各种不同类型商业银行进行效率平均的时候,发现结论跟传统DEA得出的结论是一致的,在此不再赘述。

8.1.9 我国商业银行效率动态变化(生产率)的结论

首先,人力资源模型中的马氏TFP指数非常高,技术效率起到了一定的作用，但是最主要的原因是技术进步。另外，该模型的马氏TFP指数明显高于盈利能力模型和业务扩张能力模型，而人力资源模型的投入要素是员工人数和机构数，这说明了近些年来我国商业银行人员过多和机构臃肿性得到了一定程度的缓解，这为以后我们继续深入研究人员过多和机构臃肿性对我国商业银行效率的影响提供了一个有用的参考价值。其次，盈利能力模型和业务扩张能力模型的马氏TFP指数都呈现波浪形。但是我国商业银行盈利能力的提升主要归因于纯技术效率、规模效率和技术变化的共同提高，而业务扩张能力的提升主要归因于技术进步。

8.1.10 我国商业银行资源利用有效性的结论

为了研究我国商业银行资源利用的有效性，我们引入径向调整和松弛调整技术。这里的资源主要是指影响商业银行效率的各个投入指标和产出指标。

我们发现，我国商业银行在利息支出方面同时存在着很大的径向调整和松弛调整量。即可以通过比例的缩减利息支出与其他指标的投入，又可以单独缩减利息支出而不改变其他指标的投入量来维持银行现有的效率。比例的缩减利息支出与其他指标的投入就是径向调整，单独地缩减利息支出而不改变其他指标的投入量就是松弛调整。说明我国商业银行在利息支出方面存在着很大的资源浪费。

营业支出的松弛调整量较小，但是径向调整量很大，说明营业支出方面的资源浪费主要是因为技术无效率，可以通过提高管理水平或者技术水平得到改善。

固定资产净值和机构数跟利息支出有很大的相似之处，同时存在这两种调整，即可以通过提高管理水平和技术水平得以改善，又可以缩减不必要的分支机构而使得银行的效率不降低。但是又有所不同，因为固定资产和机构数的相对调整量比利息支出大得多，说明我国商业银行存在很大的机构臃肿性，应该缩减不必要的分支机构。

员工人数看起来松弛调整量小，但又完全不同于营业支出，因为员工人数存在着很大的径向调整量。这个径向调整量远远大于其他投入要素的径向调整量，说明我国商业银行存在严重的人员过多问题，应该及时裁减员工，用先进设备代替昂贵的人工。

农业银行不得不单独来讨论，因为它非常特殊，它的径向调整量不但超过了其他所有银行径向调整量的总和，而且是这个总和的很多倍，理论上径向调整可以通过比例缩减员工人数与其他投入指标来维持现有的效率，或者通过提高管理水平和技术水平来提高银行效率，但是实际上几乎是不可能的。这个数值已经严重超过了银行正常的水平，不能不引起管理者的重视。

非利息净收入存在着很大的松弛调整量，尽管利息净收入是银行的主要收入来源，但是随着股份制改革和利率市场化的基本完成，非利息收入占总收入的比重越来越高。而这个松弛调整量说明非利息净收入存在很大的产出不足，还有很大的增长空间。

个别银行的总贷款存在一定的松弛调整量，比较典型的是广发银行和恒丰银行，说明这几家银行存在一定的"惜贷"现象。它们明明有能力发放贷款，却不发放，这种行为不利于银行的正常发展，总贷款的产出不足会让各投入指标不能物尽所用。

8.1.11 资源利用有效性对银行效率影响的结论

从上述各投入指标和产出指标的径向调整量和松弛调整量很容易看出各个不同指标对银行效率的影响。径向调整是各个投入或者产出指标的比例调整，可以通过提高管理水平或者技术水平来提高银行效率，因而，径向调整量降低了银行效率。而松弛调整量是资源的完全浪费，从表面上看似乎对银行效率无影响，但是可以将这部分投入的资金转移到其他投入指标上去，从这个方面来看，松弛调整量间接降低了银行的效率。因此，我们得出以下结论：利息支出直接和间接地降低了银行效率；营业支出间接地降低了银行效率；固定资产净值和机构数直接和间接地降低了银行效率，并且影响很大，远远超过利息支出；员工人数直接降低了银行效率，并且影响也很大，远远超过营业支出；非利息收入和总贷款都存在产出不足，这是投入过量的对立面，它们都降低了银行的效率。

8.1.12 我国四大国有商业银行人员过多和机构臃肿性问题的结论

为了阐述这一问题，我们选取了两个不同的模型。第一个模型是盈利能力模型，第二个模型是人力资源模型。我们可以看到，这两个模型唯一的区别是投入指标的不同。盈利能力模型的投入指标不包含员工人数和机构数，而人力资源模型的投入指标包含员工人数和机构数，并且它们的产出指标完全相同。正是因为这一差别，两个模型测得的银行效率完全不同。盈利能力模型测度的四大国有商业银行效率远远高于其他类型的商业银行，而人力资源模型测度的四大国有商业银行效率远远低于其他类型的商业银行，说明我国四大国有商业银行存在严重的人员过多和机构臃肿性问题。另外，从人力资源模型中可以看出，四大国有商业银行技术效率虽然很低，但是纯技术效率非常高，说明我国四大国有商业银行效率低是因为其规模效率低下引起的，充分说明我国四大国有商业银行存在机构臃肿性。最后，从规模收益方面来看，盈利能力模型中，我国四大国有商业银行大部分处在规模报酬收益不变阶段，而人力资源模型中，我国四大国有商业银行都处在规模报酬收益递减阶段。正是因为人力资源模型包含了员工人数和机构数这两种投入指标，才产生了这样的结果，再次说明我国四大国有商业银行存在严重的人员过多和机构臃肿性问题。

8.1.13 人员过多和机构臃肿性对我国商业银行效率影响的结论

从盈利能力模型和人力资源模型的比较可以看出，人力资源模型正是因为多了员工人数和机构数这两种投入指标才导致了效率低下，说明这两种投入指标大大降低了银行的效率。从各家银行同一年的效率来看，即便是股份制商业银行和 3 家上市城商行，其效率也有略微的降低，而我国四大国有商业银行其效率降低非常大，说明人员过多和机构臃肿性对我们所有的商业银行都有不同程度的影响，只是对四大国有商业银行影响更大一些。

从人力资源能力模型本身来看，我国四大国有商业银行的纯技术效率依然很高，说明人员过多和机构臃肿性主要是因为规模过大降低了银行的规模效率，从而进一步降低了其技术效率。

另外，从盈利能力模型和人力资源模型的马氏 TFP 指数可以看出，人力资源模型的马氏 TFP 指数远远高于盈利能力模型的马氏 TFP 指数。说明我国四大国有商业银行的人员过多和机构臃肿性问题在近些年来有了一定程度的缓解，但仍有很大的增长空间。

最后，如果从全局来考虑银行效率，则在 2008 年前后，四大国有商业银行的总体效率是低于股份制银行和 3 家上市城商行的。到 2015 年前后，除了农业银行以外，其他银行的效率几乎跟股份制银行和 3 家上市城商行持平。由于本文数据选取的数据段比较新，所以没有考虑很早之前的效率对比，如果考虑 2008 年以前或者是更早的年份，不管是从他人的研究还是本文的结论，都可以看出我国四大国有商业银行的效率远远低于股份制银行和 3 家上市城商行。之所以近几年四大国有商行的效率可以跟股份制银行和 3 家上市城商行相媲美，是因为近些年来各种类型的商业银行的效率差距在不断缩小，其更深层的原因是利率市场化和股份制改造所造成的竞争加剧。

8.2 提高我国商业银行效率的途径和政策建议

从本文选择的三个模型以及不同类型商业银行之间的效率对比可以看出，我国四大国有商业银行在盈利能力和业务扩张能力方面都占据相当的优势。但是在人力资源模型中的技术效率远远低于其他类型的商业银行，其根本原因是规模效率低下。因此，四大国有商业银行要继续发挥其非常优秀的盈利能力和业务扩张能力，并努力提高其规模效率。从人力资源模型中可以看出，人员过多和机构臃肿是四大国有商业银行规模效率低下的主要原因。因此，四大国有商业银行应该削减员工人数和不必要的分支机构，引进先进的机器设备代替昂贵的人工，从而提高银行效率。而股份制商业银行和上市城商行，尽管在盈利能力和业务扩张能力方面表现已经很优秀，但是比起我国四大国有商业银行还稍有差距。这些规模小的商业银行应该采取联合甚至是兼并的形式取得规模上的优势，从而取得跟四大国有商业银行相抗衡的实力，逐渐开拓新的经营范围，进一步提高银行在盈利能力方面的效率。

从各个不同模型的马氏 TFP 指数可以看出，人力资源模型的马氏 TFP 指数远远高于其他模型，而我国四大国有商业银行的 TFP 指数增长最大。说明我国四大国有商业银行的人员过多和机构臃肿性问题这些年有了一定程度的缓解，但明显还有很大的增长空间。员工人数和机构数这两种投入要素虽然严重影响了我国四大国有商业银行的效率，但是对其他类型的商业银行也有一定程度的影响。因此，我国商业银行整体都应该尽量避免使用多余的人工，避免增设不必要的分支机构，尤其是四大国有商业银行，更应该在减少员工人数和削减不必要的分支机构上做更大的努力。

从各个不同模型的径向调整和松弛调整技术可以看出，利息支出、固定资产净值和机构数这些都同时存在着径向调整和松弛调整量，各家商业银行不仅要努力提高自身的管理水平和技术水平使投入要素得到最有效的使用，以提高银行的效率，还要使各投入要素很好地搭配，尽量避免松弛调整量的出现，以防止资源的纯粹浪费。营业支出和员工人数等投入指标存在径向调整，尤其是员工人数的径向调整量非常大，这一方面可以减少一定的该投入指标，另一方面还需从自身的管理水平和技术水平抓起。各家银行可以雇佣有能力的管理者，从而提高银行的管理水平和技术水平，还要统筹安排各投入资金的合理利用。利息净收入和非利息净收入存在一定的产出不足，个别银行的总贷款也存在产出不足，也是就"惜贷"现象。随着股份制改革的基本完成和利率市场化的基本实现，各家银行的竞争也日益激烈，在此挑战和机遇下，各家银行应该不断扩大自身的经营范围。近些年来，虽然非利息收入占总收入的比重越来越高，但明显还有很大的增长空间，面对日益缩小的利息差，银行在利息收入方面面临着巨大的挑战，只有不断扩大自身的经营范围，才能不断提升银行利润。另外，个别有"惜贷"现象的银行应该从自身的长远发展着想，尽量发放对于自身最合适的贷款量从而提升银行的效率。

8.3 本文不足及有待进一步研究的问题

8.3.1 本文不足

本文主要研究不同的投入产出指标对效率的影响，因为不同的投入产出对效率的影响很大，有时候会完全相反。本文进步之处就是选择不同的投入产出指标分别代表了银行不同的能力，从而测度了银行的效率。但是也有一定的不足之处，就是没有选择一组代表银行总体能力的指标，因为银行总体能力需要银行所有的投入和产出指标，这超出了银行能容忍的最大投入和产出数量。

8.3.2 有待进一步研究的问题

正如之前所述，本文没有选择一组代表银行总体能力的指标，从而对各个不同类型的商业银行效率进行比较。我们不可能选择所有的投入和产出指标来测度银行效率，因为银行数量（DMU 个数）有限，这样做会使很多银行出现在效率前沿面，从而无法进行银行的效率比较。有一种设想，就是做各种投入指标的线性组合，从而代表了所有投入指标的绝大多数信息，而这种线性组合的个数不多，并且各个线性组合之间最好能够满足线性无关；再做各种产出指标的线性组合，这些线性组合的个数也不多，也能够代表所有产出指标的绝大多数信息，并且最好也能够满足线性无关。这样我们再以各个投入指标的线性组合和各个产出组合的线性组合作为银行新的投入和产出指标进行效率测度。其实主成分分析方法或者典型相关分析方法能做这样的线性组合，但是稍微有点遗憾，这两种方法的线性组合前面的系数分别代表了各个指标之间的相关关系，因此，每个线性组合的数值有可能是负数。简单地取绝对值明显不行，它丧失了原来指标的很多有用信息。因此，若是能找到一种类似于主成分分析或者典型相关分析这样的方法，或者能将线性组合前面的系数由负数修正成正数，而又不丢失原始线性组合的信息自然就是一种进步和突破。个人认为这种思想和方法很值得期待,有待进一步研究。

参考文献

[1] Afriat S N. Efficiency estimation of production functions [J]. International Economic Review, 1972, 13 (3): 568 - 598.

[2] Albadeff D A. Monopoly and competition in commercial banking [M]. Berkeley: University of California Press, 2000: 259 - 311.

[3] Alexandre Sokic. Cost efficiency of the banking industry and unilateral euroisation: A stochastic frontier approach in Serbia and Montenegro [J]. Economic Systems, 2015, 39: 541 - 551.

[4] Bailey E E, Friedlaender A F. market structure and multiproduct industries [J]. Journal of economic literature, 1982: 1024 - 1048.

[5] Barros C P, Caporale G M, Abreu M. Productivity drivers in European banking: Country effects, legal tradition and market dynamics [D]. London: Brunel University, 2008.

[6] Battese G E, Coelli T J. A stochastic frontier Production function incorporating a model fortechnical inefficiency effects. Armidale: University of New England, 1993.

[7] Benston G J. Economies of scale and marginal cost in banking operations [J]. National Banking Review, 1965, 2 (4): 507 - 549.

[8] Berger A N, Bonaccorsi di Patti E. A new approach to testing agency theory and an application to the banking industry [J]. Journal of Banking and Finance, 2006, 30: 224 - 259.

[9] Berger A N, DeYoung R. Problem loans and cost efficiency in commercial banks [J]. Journal of Banking & Finance, 1997, 21: 169 - 197.

[10] Berger A N, Hasan I, Zhou Mingming. Bank ownership and effi-

ciency in China: What will happen in the world's largest nation? Working paper, 2006.

[11] Berger A N, Udell G F. A more complete conceptual framework for SME finance [J]. Journal of Banking & Finance 2006, 30: 214 - 269.

[12] Bonaccorsi di Patti E, Hardy D. Bank reform and bank efficiency in Pakistan [J]. Journal of Banking & Finance, 2005, 29: 2381 - 2406.

[13] Bonin P J, Hasan I, Wachtel P. Bank performance, efficiency and ownership in transition countries. Journal of Banking & Finance, 2005, 29: 31 - 53.

[14] Brissimis S N, Delis M D, papanikolaou N I. Exploring the nexus between banking sector reform and performance: Evidence from newly acceded EU countries [J]. Journal of Banking and Finance, 2008, 38: 2674 - 2683.

[15] Clark J. Economic cost, scale efficiency and competitive viability in banking [J]. Journal of Money, Credit and banking, 1996, 28: 76 - 96.

[16] Coase R H. Problem of Social Cost [J]. The Journal of Law and Economics, 1960, 3 (1).

[17] Coelli T J. Frontier - A maximum likelihood estimator for the parameters of frontier regression models. Working paper, 1999.

[18] Cristina Bernad, Lucio Fuentelsaz, Jaime Gomez. The effect of mergers and acquisitions on productivity: An empirical application to Spanish banking [J]. Omega, 2010, 38: 283 - 293.

[19] Demsetz H. Industry structure, market rivalry, and public policy [J]. JK&Econ., 1973, 16: 1.

[20] Dvaid Mautin. Bank consolidation and scale economies trend banks in a developing country [J]. Journal of economic theory, 2011, 5 (1): 15 - 21.

[21] Fadzlan Sufian. Banks total factor productivity change in a devel-

oping economy: Does ownership and origins matter [J]. Journal of Asian Economics 22 (2011) 84 – 98.

[22] Fama E. Agency problems and the theory of the firm [J]. Journal of Political Economy, 1980, 28 (21): 95 – 126.

[23] Fare R, Grosskopf, Logan J. The Relative Efficiency of Illinois Electric Utilities [J]. Resources and Energy, 1983, 5 (4): 349 – 367.

[24] Farrell M J. The measurement of productive efficiency [J]. Jouranl of the Royal Statistical Society, 1957, A120 (3).

[25] Fields J A. Expense – preference behaviour in mutual life insurers [J], Journal of Financial Services Research, 1988, 1 (2): 123 – 157.

[26] Franco Fiordelisia, Phil Molyneuxb. Total factor productivity and shareholder returns in banking [J]. Omega, 2010, 38 (5): 241 – 253.

[27] Fries S, Taci A. Cost efficiency of banks in transition: Evidence from 289 banks in 15 post – communist countries [J]. Journal of Banking & Finance 2005, 29: 55 – 81.

[28] Fries S, Neven D, Seabright P. Bank Performance in Transition Economies. Working paper of EBRD, 2002.

[29] He – Boong Kwon, Jooh Lee. Two – stage production modeling of large U. S. Banks: A DEA – neural network approach. Expert Systems with Applications 2015, 42: 6758 – 6766.

[30] Hicks R G. Executive pay and performance: Evidence from the US banking industry [J]. Journal of Financial Economics, 1953, 39.

[31] Huang T H, Chiang D L, Tsai C M. Applying the new metafrontier directional distance function to compare banking efficiencies in Central and Eastern countries [J]. Economic Modeling, 2015, 44: 188 – 199.

[32] Jemric I, Vujcic B. Efficiency of banks in Croatia: A DEA approach [J]. Comparative Economic Studies, 2002, 44.

[33] Jensen M C, E Fama. Separations of ownership and control [J], Journal of Law and Economics, 1983, 26 (2).

[34] Jianhuan Huang, Juanjuan Chen, Zhujia Yin. A Network DEA Model with Super Efficiency and Undesirable Outputs: An Application to Bank Efficiency in China [J]. Mathematical Problems in Engineering, 2014: 14.

[35] Jianhua Zhang, et al. Market development and bank profit efficiency in China: application of the generalized Malmquist productivity index. [J] Economics, 2012, 19 (2): 181 – 197.

[36] Ke Wang, Wei Huang, Jie Wu, et al. Efficiency measures of the Chinese commercial banking system using an additive two – stage DEA [J]. Omega, 2015, 44: 5 – 20.

[37] Kumbhakar S C, Lovell C A K. Stochastic Frontier Analysis [M]. London: Cambridge University Press, 2000.

[38] Loannis E, Tsolas Vincent Charles. Incorporating risk into bank efficiency: A satisficing DEA approach to assess the Greek banking crisis [J]. Expert Systems with Applications, 2015, 42: 3491 – 3500.

[39] Miles D. Economic issues in the regulation of mutual financial firms: the case of UK building societies [D], Manchester: The Manchester School, 1994.

[40] Molyneux P, Teppet J. Structure – conduct – performance in EFTA banking markets [J]. Bank – en Financiewezen, 1993, 3.

[41] Necmi Kemal Avkiran. An illustration of dynamic network DEA in commercial banking including robustness tests [J]. Omega, 2015, 55: 141 – 150.

[42] Nguyen V. Measuring efficiency of Vietnamese commercial banks: An application of Data Envelopment Analysis (DEA) [M] //K Nguyen & TLe. Technical efficiency and productivity growth in Vietnam. Hanoi: Publishing House of Social Labour, 2007.

[43] Nguyen X Q, De Borger B. Bootstrapping efficiency and Malmquist productivity indices: An application to the Vietnamese commercial banks.

[44] O'Hara M. Property rights and the financial firm [J]. Journal of Law and Economics, 1981, 24 (2): 54-96.

[45] Radecki L J. Small expanding geographic reach of retail Federal Reserve Bank of New York [J]. Economic Policy Review banking market, 1998, 4.

[46] Rui Li, et al. Spatial characteristics of development efficiency for urban tourism in eastern China: A case study of six coastal urban agglomerations [J]. Journal of Geographical Sciences, 2014, 24 (6): 1175-1197.

[47] Satoshi Ohsato, Masako Takahashi. Management Efficiency in Japanese Regional Banks: A Network DEA. Procedia – Social and Behavioral Sciences 2015, 172: 511-518.

[48] Staikouras C, Mamatzakis E, Koutsomanoli-Filippaki A. Cost efficiency of the banking industry in the South Eastern European region. Journal of International Financial Markets, Institutions and Money, 2008, 18 (5): 483-497.

[49] Stewart C, Matousek R, Nguyen T N. Efficiency in the Vietnamese banking system: a DEA double bootstrap approach [J]. Research in International Business and Finance, 2015.

[50] Wijesiri M, Vigano L, Meoli M. Efficiency of microfinance institutions in Sri Lanka: a two-stage double bootstrap DEA approach [J]. Economic Modeling, 2015, 47: 74-83.

[51] 威廉姆森. 资本主义经济制度: 论企业签约与市场签约 [M]. 北京: 商务印书馆, 2002: 35-55.

[52] 蔡跃洲, 郭海军. 我国上市商业银行全要素生产率的实证分析 [J]. 经济研究, 2009 (9): 52-65.

[53] 陈福生, 李婉丽. 外资银行进入对我国商业银行业效率的影响——基于商行2004—2010年面板数据的经验证据 [J]. 投资研究, 2012 (11): 61-75.

[54] 陈敬学, 别双枝. 我国商业银行规模经济效率的实证分析及

建议 [J]. 金融论坛, 2004 (10): 46-50.

[55] 陈晓卫. 中国商业银行效率评价及影响因素研究 [D]. 成都: 电子科技大学, 2011.

[56] 丁志杰, 王秀山, 白钦先. 金融体系重组中国有银行产权改革的国际经验 [J]. 国际金融研究, 2002 (4): 27-32.

[57] 丁忠明, 张琛. 基于 DEA 方法下商业银行效率的实证研究 [J]. 管理世界, 2011 (3): 172-173.

[58] 高连和. 基于产权制度的国有商业银行效率研究 [J]. 理论探讨, 2005 (1): 23-29.

[59] 郭竞成、姚先国. 市场结构还是治理结构？两种银行改革思路之检讨和中国实证 [J]. 国际金融研究, 2004 (4): 5-10.

[60] 郭研. 我国商业银行效率决定因素的理论探讨与实证检验 [J]. 金融研究, 2005 (2): 115-123.

[61] 黄宪. 中国银行业效率研究 [J]. 国际金融研究, 1998 (7): 11-16.

[62] 黄宪, 王方宏. 中国与德国的国有银行效率差异及其分析 [J]. 世界经济, 2003 (2): 71-80.

[63] 黄宪, 余丹, 杨柳. 我国商业银行 X 效率研究——基于 DEA 三阶段模型的实证分析 [J]. 数量经济技术经济研究, 2008 (7): 80-91.

[64] 胡颖, 李文军. 商业银行效率研究述评 [J]. 南方金融, 2005 (6): 16-20.

[65] 柯孔林, 冯宗宪. 中国银行业全要素生产率测度: 基于 Malmquist-Luenberger 指数研究 [J]. 数量经济技术经济研究, 2008 (4): 110-120.

[66] 李锐, 李子奈, 项海容. 基于截取回归模型的农村消费需求分析 [J]. 数量经济技术经济研究, 2004 (9): 29-37.

[67] 李元旭, 等. 中国国有商业银行与外资银行竞争力比较研究 [J]. 金融研究, 2000 (3): 45-51.

[68] 林毅夫, 李永军. 中小金融机构发展与中小企业融资 [J].

经济研究, 2001 (1).

[69] 刘琛, 宋蔚蓝. 基于 SFA 的中国商业银行效率研究 [J]. 金融研究, 2004 (10): 46-50.

[70] 刘芍佳, 李骥. 超产权论与企业绩效 [J]. 经济研究, 1998 (8): 21-26.

[71] 刘伟, 黄桂田. 中国银行业改革的侧重点: 产权结构还是市场结构 [J]. 经济研究, 2002 (8): 3-12.

[72] 刘永春, 谭兴民. 中国国有商业银行资源配置效率分析 [J]. 商业现代化, 2007 (513): 374-376.

[73] 刘泽华. 产权、治理结构、竞争与国有商业银行改革 [J]. 金融改革, 2003 (4): 16-19.

[74] 刘志新, 刘琛. 基于 DFA 的中国商业银行效率研究 [J]. 数量经济技术经济研究, 2004 (4): 42-45.

[75] 弗朗茨. X 效率: 理论、论据和应用 [M]. 上海: 上海译文出版社, 1993.

[76] 潘鑫, 杨宝臣. 中国商业银行效率及影响因素分析 [J]. 金融研究, 2005 (5): 39-43.

[77] 邱兆祥, 张爱武. 基于 FDH 方法的中国商业银行 X - 效率研究 [J]. 金融研究, 2009 (11): 91-102.

[78] 邱兆祥, 张磊. 经过风险调整的商业银行利润效率评价研究——基于随机利润边界方法 [J]. 金融研究, 2007 (03A): 98-111.

[79] 宋士云. 中国银行业市场化改革的历史考察 [M]. 北京: 人民出版社, 2008.

[80] 谭兴民, 宋增基, 等. 中国上市银行股权结构和经营绩效的实证分析 [J]. 金融研究, 2010 (11): 144-154.

[81] 王兵, 朱宁. 不良贷款约束下的中国上市商业银行效率和全要素生产率研究——基于 SBM 方向性距离函数的实证分析 [J]. 金融研究, 2011 (1): 110-130.

[82] 王聪, 谭政勋. 我国商业银行效率结构研究 [J]. 经济研

究，2007（7）：110-123.

［83］王赫一，张屹山. 两阶段 DEA 前沿面投影问题研究［J］. 中国管理科学，2012（2）：114-120.

［84］王健，金浩，梁慧超. 我国商业银行效率分析［J］. 技术经济与管理研究，2011（4）：124-127.

［85］王文卓. 我国商业银行股改效率评价与影响因素分析［J］. 上海金融，2013（5）：38-41.

［86］王志祥. 推进减员增效战略，提高农行核心竞争力［J］. 湖北农村金融研究，2002（12）：8-10.

［87］魏煜，王丽. 中国商业银行效率研究：一种非参数的分析［J］. 金融研究，2000，3（3）：88-96.

［88］吴少新，李建华，许传华. 基于 DEA 超效率模型的村镇银行经营效率研究［J］. 财贸经济，2009（12）：45-49.

［89］吴育华，范贻昌，宋继旺. DEA 模型的一般投影研究［J］. 系统工程学报，1996，11（4）：45-52.

［90］奚君羊、曾振宇. 我国商业银行的效率分析：基于参数估计的经验研究［J］. 国际金融研究，2003（5）：56-75.

［91］萧松华，刘明月，银行产权结构与效率关系理论评析［J］. 国际金融研究，2004（5）：4-10.

［92］谢朝华，段军山. 基于 DEA 方法的我国商业银行 X-效率研究［J］. 中国管理科学，2005，13（4）：120-128.

［93］徐传谌、程贵廷，齐树天. 我国商业银行规模经济问题与金融改革策略透析［J］. 经济研究，2002（20）：19-23.

［94］徐传谌，齐树天. 中国商业银行 X-效率实证研究［J］. 经济研究，2007（3）：106-116.

［95］许晓雯，时鹏将. 基于 DEA 和 SFA 的我国商业银行效率研究［J］. 数理统计与管理，2006（1）：68-72.

［96］徐忠，沈艳，等. 市场结构与我国银行业绩效：假说与检验［J］. 经济研究，2009（10）：75-86.

［97］杨大强，张爱武. 1996—2005 年中国商业银行的效率评

价——基于成本效率和利润效率的实证分析 [J]. 金融研究，2007（12）：102-112.

[98] 杨金同，毛育新. 经济转轨国家银行业稳定性与效率关系分析——兼论对我国银行业改革的启示 [J]. 上海经济研究，1999（8）：36-44.

[99] 姚树洁，冯根福，姜春霞. 中国银行业效率的实证分析 [J]. 经济研究，2004（8）：4-15.

[100] 袁晓玲，张宝山. 中国商业银行全要素生产率的影响因素研究 [J]. 数量经济技术经济研究，2009（4）：93-105.

[101] 袁云峰，郭显光. 基于松弛量的中国银行业 DEA 效率研究 [J]. 经济理论与经济管理，2005（9）：37-42.

[102] 于良春，鞠源. 垄断与竞争：中国银行业的改革与发展 [J]. 经济研究，1999（8）：48-77.

[103] 曾俭华. 国际化经营对中国商业银行效率的影响研究 [J]. 国际金融研究，2011（1）：76-82.

[104] 张健华. 我国商业银行效率研究的 DEA 方法及 1997—2001 年效率的实证分析 [J]. 金融研究，2003（3）：11-25.

[105] 张健华，王鹏. 中国银行业广义 Malmquist 生产率指数研究 [J]. 经济研究，2010（8）：128-140.

[106] 张健华，王鹏. 银行效率及其影响因素研究——基于中、外银行业的跨国比较 [J]. 金融研究，2011（5）：13-28.

[107] 张健华，王鹏. 中国银行业前沿效率及其影响因素研究——基于随机前沿的距离函数模型 [J]. 金融研究，2009（12）：1-18.

[108] 张杰. 制度、渐进转轨与中国金融改革 [M]. 北京：中国金融出版社，2001.

[109] 张金清，吴有红. 外资银行进入水平影响商业银行效率的"阀值效应"分析：来自中国商业银行的经验数据 [J]. 金融研究，2010（6）：60-74.

[110] 张旭. 中东欧经济专国家银行体制的变革 [J]. 外国经济

与管理，1999（9）：19-23.

［111］张迎春. 规模经济与我国银行机构网点的收缩与扩张［J］. 广西金融研究，2008（10）：19-22.

［112］张征宇. 带未知异方差与半线性结构 Tobit 模型的半参数估计［J］. 数量经济技术经济研究，2011（6）：147-161.

［113］赵听，薛俊波，殷克东. 基于 DEA 的商业银行竞争力分析［J］. 数量经济技术经济研究，2002（9）.

［114］赵翔. 银行分支机构效率测度及影响因素分析［J］. 经济科学，2010（1）：85-96.

［115］赵旭，凌亢. 国有银行效率决定因素实证分析［J］. 统计研究，2000（8）.

［116］赵永乐，王均坦. 商业银行效率、影响因素及其能力模型的解释结果［J］. 金融研究，2009（3）：58-69.

［117］钟伟，巴曙松，赵晓，等. 中国银行业的出路分析报告［R］. 2003.

［118］朱克桐. 我国银行业市场结构变迁的路径选择［J］. 金融论坛，2002（12）：11-16.

［119］朱南，卓贤，董屹. 关于我国国有商业银行效率的实证分析与改革策略［J］. 管理世界，2004（2）：18-26.

［120］褚玉春，刘建平. 债务融资对制造业经营绩效的影响效应研究——基于广义矩法估计的动态面板数据分析［J］. 数量经济技术经济研究，2009（9）：79-91.